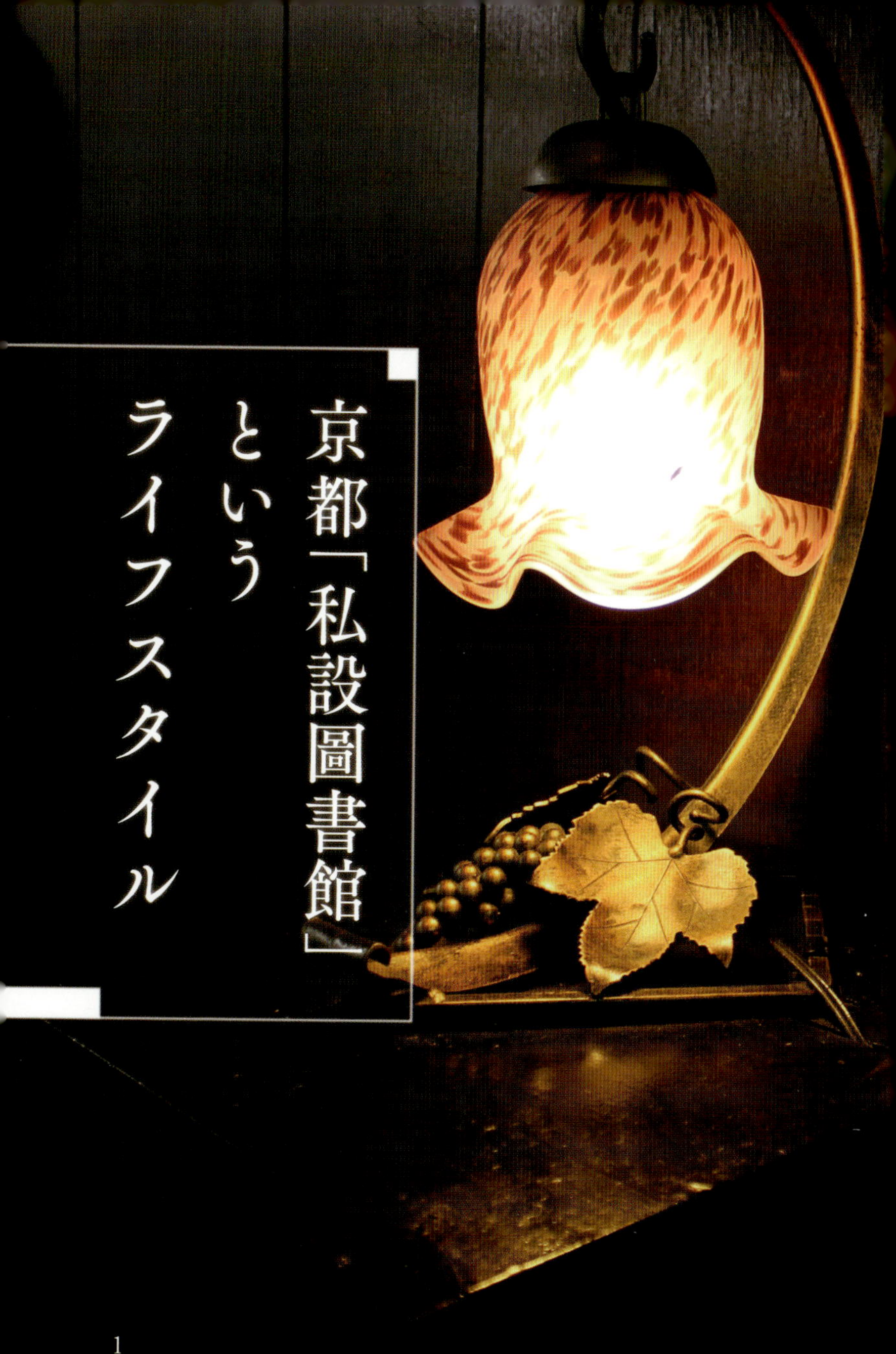

京都「私設圖書館」というライフスタイル

はじめに

某日、九時四十分、今日の天気予報は雨、降水確率は午前午後ともに七〇％を越えている。こういう日は、お客様も少ない。今朝は二階に二人、一階に三人。今日、私は午後一時まで「私設圖書館」受付机に座ることになっている。

お客様が入ってこられた。座席表を見せて席を決めていただく。座りたい席を決めてもらうと、そこにプチ磁石を置く。常連の人は空いていればたいてい同じ席を選ぶ傾向にある。端の席を好む人が多いのは人間の習性だろうか。お客様が席に着かれると、お茶と時間を書いたカードを持っていく。後はコーヒーを頼まれない限り、そのお客様に対してすることはなくなる。お帰りのときに利用時間ぶんの料金を支払っていただくだけである。

「私設圖書館」の受付机は、古い学習机に私が棚を取り付け、Sさんがそれらしくペンキで仕上げてくれたものだ。

「Sさん」というのは私の妻だが、彼女は、家内とか嫁とか奥さんとか呼ばれることを好まない。パートナーだと思っているからである。実際、「私設圖書館」の運営パートナーであることに相違ない。それでSさんと呼ぶことにする。

このSさんはペンキ塗りが大好きで「私設圖書館」の内壁、外壁の大部分はSさんが塗ってくれた。ペンキが剥げてくると塗りなおしてくれる。

私はこの「私設圖書館」という図書館もどきのもの（私は立派な図書館だと思っている）をかれこれ四十五年間も続けている。

ほとんど休みらしい休みも取らず、朝の九時から午前零時まで。もちろん私一人で受付机に張り付いている訳ではない。Sさんをはじめ、学生さんやそうでない人も含めて十四、五人の人が入れ替わり手伝ってくれている。

私が机に座る時間は、このところどんどん狭められている。

「大きなおやじさんが座っていたら、お客さんが来なくなってしまう」

と、Sさんはときどき言う。私の身長は一八三センチもあって、体重は九十キロをちょっと切ったところである。古い木造民家を改造した我が「私設圖書館」には、大きすぎる図体かもしれない。

「私設圖書館」は、お客様から入館料をいただいて、それだけで運営している。四十五年の間には何度か料金改定をさせていただき、現在は二時間以内二百五十円、四時間で三百五十円、一日居ると六百五十円をお支払いいただいている。この料金には一杯ぶんのコーヒーか紅茶チケットがついており、引き換えにお出しする。

自治体や団体からの支援・援助などは一切ない。政治的中立、宗教とも無縁。小・中学生から社会人まで、どなたでも歓迎、という態度でやってきた。

創館は昭和四十八年(一九七三)。まだ学生運動の余波がキャンパスや学生街に残り、学生たちは燃えあがったエネルギーをどう鎮めようか苦慮していた時代。大学を卒業はしたものの、素直に企業に就職する気になれなかった私は「好きな本に囲まれて、なおかつわずかでいいから生活の糧を得られる道は無いものか」と模索していた。

そうして思いついたのがこの「私設圖書館」だった。

利益を期待して始めた仕事ではないが、客席が四十二で、電気代や家賃、新聞雑誌費、スタッフのアルバイト代などを支払えば、なにも残らない月もある。おかげで「私設圖書館」ばかりやっていられなくなり、四十歳を過ぎてからサラリーマンを十四年つとめた。そのあと自営の別の仕事をはじめて、今は大方そちらからの収入で生活を支えている。サラリーマンになって大阪の会社へ通っている間、Sさんが一人で「私設圖書館」を切り盛りしてくれた。もちろん多くのスタッフの力強い支えもあってのことだが。

手が空くと私も、この時間のために持ってきた読みかけの本を取り出す。眼も弱くなってきているので文庫本は読めない。ハードカバーの古い本だ。黴臭い特有の臭いが漂ってくる。この臭いを愛する人もいるが、私はそれほどでもない。

とまれ晴耕雨読の日々を送ってこられたのはこの図書館のおかげである。

今日持ってきたのは夏目漱石全集のなかの「私の個人主義」という大正三年、学習院での講演記録である。いま読めば当たり前のことしか書いていない。その当たり前のことを言うのにいかに漱石先生が気を使っておられることか、遠慮がちに話しておられることか、言葉の端々から痛々しいほどに伝わってくる。

『――個人の自由は、先刻お話した個性の発展上極めて必要なものであって、その個性の発展がまた貴方がたの幸福に非常な関係を及ぼすのだから、どうしても他に影響のない限り、僕は左を向く、君は右を向いても差し支えないぐらいの自由は、自分でも把持し、他人にも付与しなくてはなるまいかと考えます。それが取りも直さず、私のいう個人主義なのです――』

国家主義や集団主義が台頭しつつあった時代、いまなら当たり前のことでも声に出して言うというのは、かくも危険であり、大変なことだったのか。漱石先生の声が悲鳴に聞こえてくる。

「私設圖書館」館主　田中　厚生

書館
SHISETSU・TOSHOKAN
私設圖書館
food
bar
サンサン

SHISETSU·TOSHOKAN
私設圖書館

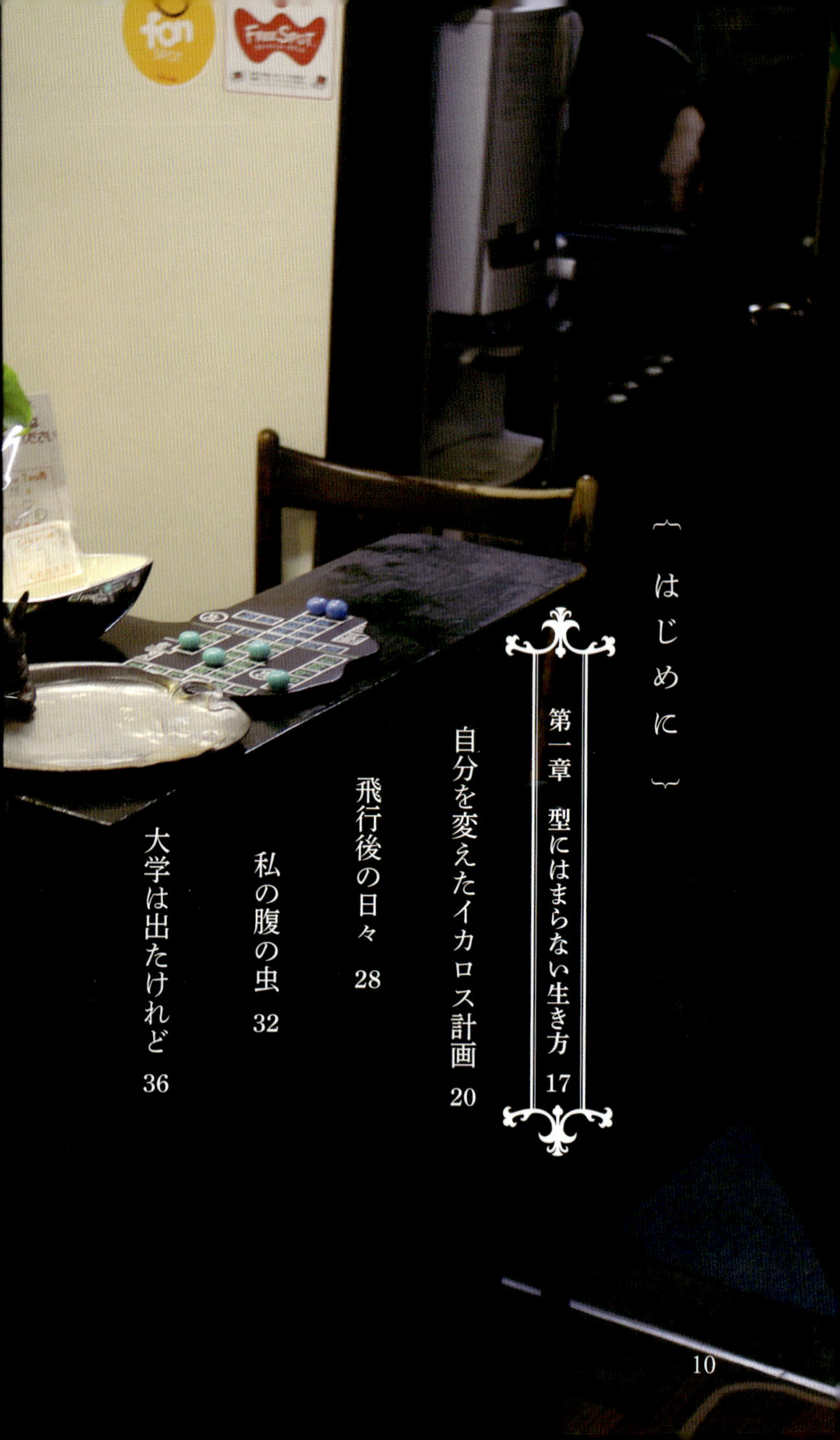
fon
FREESPOT

EBRUARY

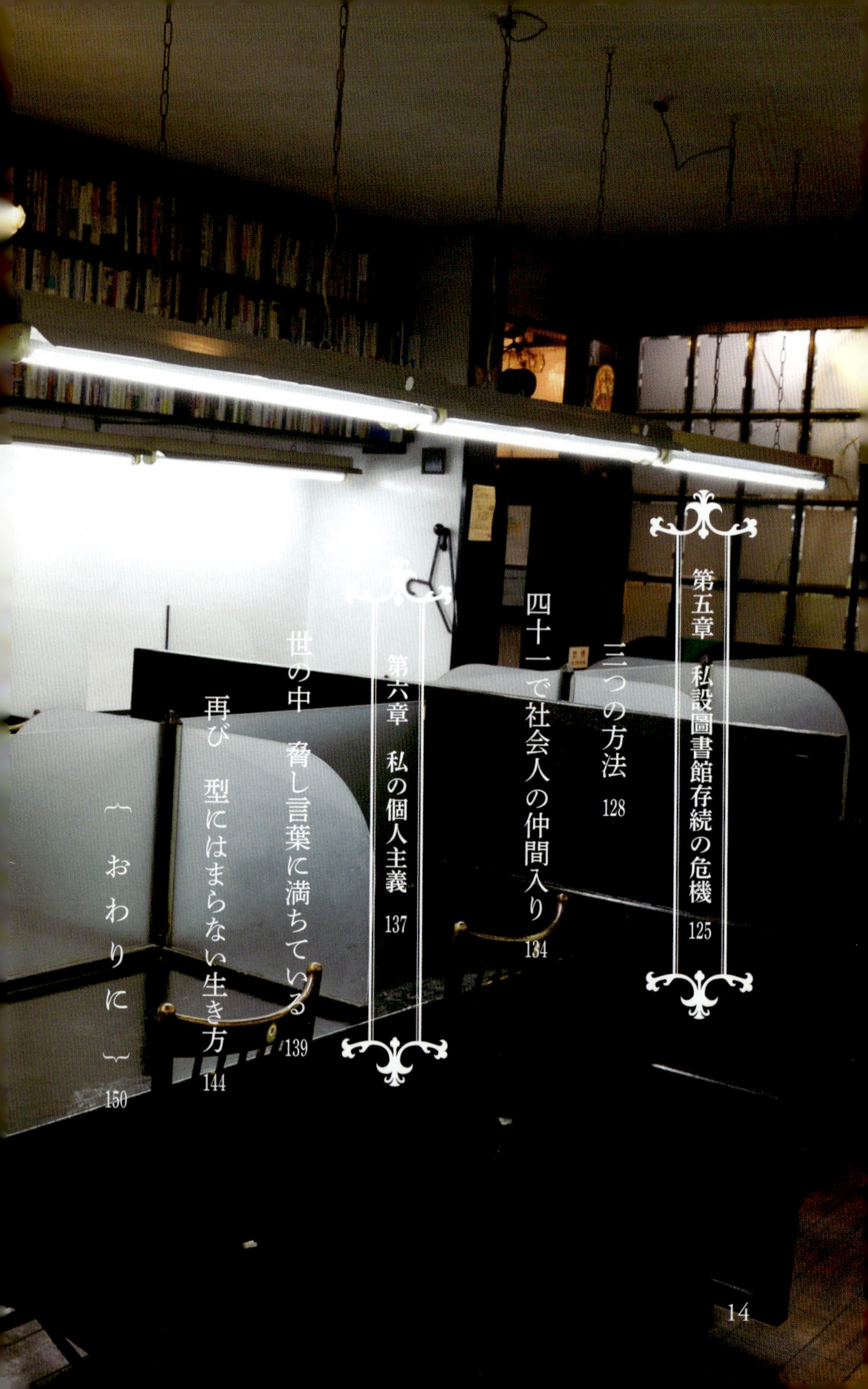

広辞苑
広辞苑
知恵蔵
字源
LONGMAN

私設圖書館

第一章 型にはまらない生き方

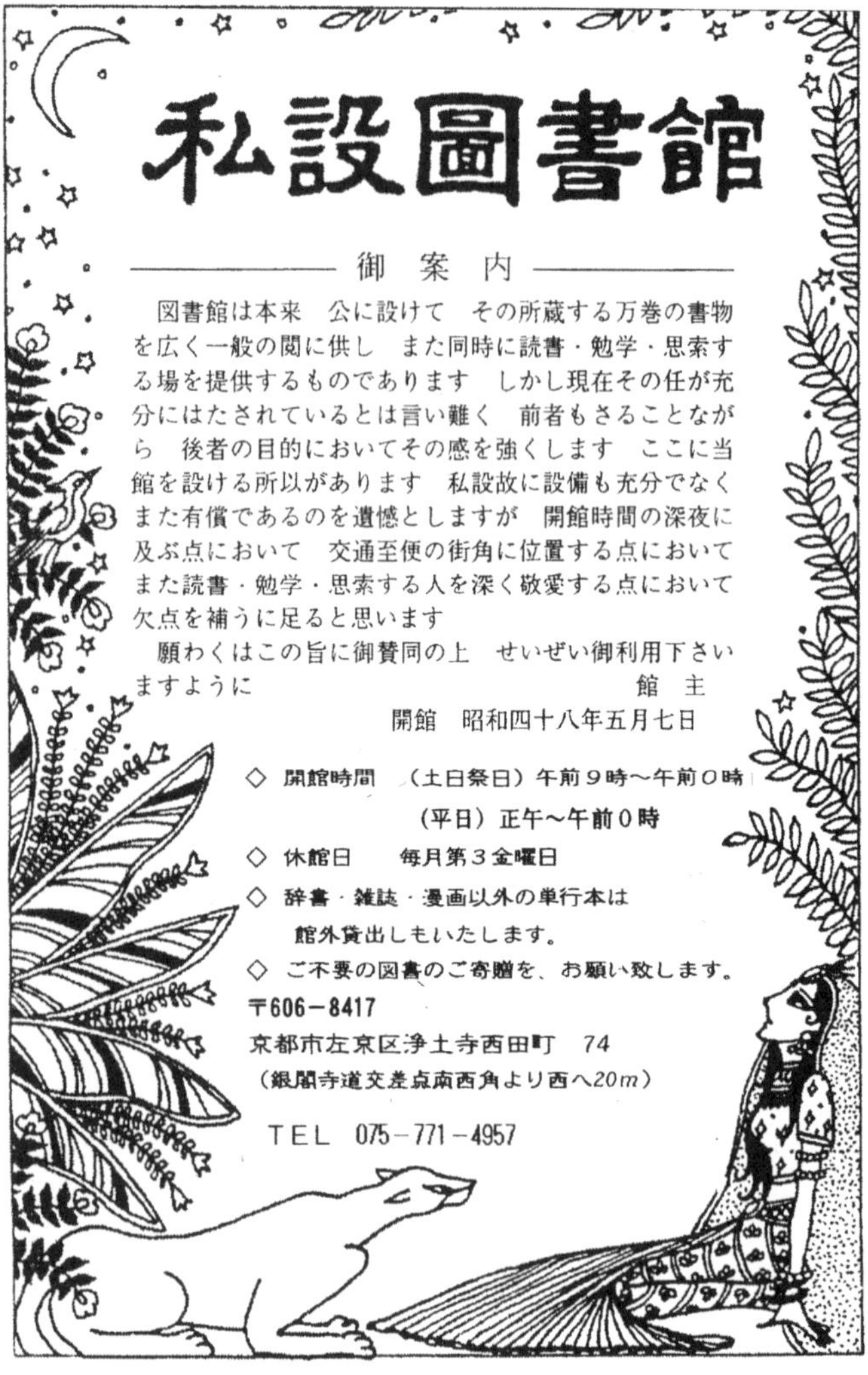

私設圖書館

御案内

図書館は本来　公に設けて　その所蔵する万巻の書物を広く一般の閲に供し　また同時に読書・勉学・思索する場を提供するものであります　しかし現在その任が充分にはたされているとは言い難く　前者もさることながら　後者の目的においてその感を強くします　ここに当館を設ける所以があります　私設故に設備も充分でなくまた有償であるのを遺憾としますが　開館時間の深夜に及ぶ点において　交通至便の街角に位置する点においてまた読書・勉学・思索する人を深く敬愛する点において欠点を補うに足ると思います

願わくはこの旨に御賛同の上　せいぜい御利用下さいますように

館　主

開館　昭和四十八年五月七日

◇ 開館時間　（土日祭日）午前９時～午前０時

（平日）正午～午前０時

◇ 休館日　毎月第３金曜日

◇ 辞書・雑誌・漫画以外の単行本は館外貸出しもいたします。

◇ ご不要の図書のご寄贈を、お願い致します。

〒606－8417

京都市左京区浄土寺西田町　74

（銀閣寺道交差点南西角より西へ20m）

TEL　075－771－4957

これが開館の趣旨であり、ご案内として入り口横の壁に掲げてある。はてさて堅苦しい文章で、この数行でもう読む気をなくした読者もおられるかもしれない。この文は、一度だけ書き直して文語調にととのえたが、趣旨も実態も開館当初から大きくは変化していないので、以後四十余年書き換えたことはない。この文章を記載したご案内葉書も、Sさんの描いた異国風のイラスト付きで印刷して、希望する方に持って帰ってもらっている。これも最初から変わっていない。

打ち明けて言うと、この文の意味には、本が少ない、図書館を標榜しながら、当初は本箱三つ分くらいしかなかった、そのことの言い訳も含まれていた。にもかかわらず大そうな名前を付けたのは、小さなスペースでも本があふれていて、入ってきた人が気軽に手にとって読んだり、借りて帰ったりできる、やはり「図書館」というものをつくりたいと思ったからである。だがその後、願いは叶い、寄贈いただいた本などで本は増え続け、置く場所がなくて自宅に持ち帰ってときどき入れ替えする、そんなことになっている。

ともあれ私がどうしてこんなことを思いつき、四十数年続けてきたのか、それをご理解いただくためには昭和四十年代にタイムスリップしていただかねばならない。

自分を変えたイカロス計画

私が大学に入学したのは昭和四十一年（一九六六）の春。大学は学生運動で騒然となる一、二年前で、まだ和やかな空気が流れていた。

ベトナム戦争はすでに始まっていて、「北爆即時停止」などの看板もあったように思う。正門前ではハンドマイクを持ったヘルメットの学生が、大きな声で何か叫んでいたが、通り過ぎる学生たちの耳にどれだけ届いていたのだろうか。教室に入ると、そこかしこで議論するものがいたり、ビラを配るものがいたり、我関せずと教科書を開くものがいたり。時代と場所が変わってもキャンパスの風景などは、サリンジャーが小説「フラニー」の中で描いた世界と大きくは変わっていなかったように思われる。

『――ほかの連中は暖房のきいた待合室のなかで三々五々、帽子もかぶらずに渦巻くタバコの煙のなかで大声で話をしていた。その話し声のほとんどが大学生特有の独断的な響きに満ちていて、これまで何世紀もの間世間の連中がいくら激論したところで、結局はぶざまにしか扱えなかった大問題を、みなのそのかん高い調子の話し合いのなかで一挙に解決をしてやろうとしているような具合だった』

J・Dサリンジャー「フラニー」（原田敬一訳）

そのころの自分について、思い出らしい思い出はない。

なにか真面目に考えたい、取り組みたいと思いながらも、知識も能力もなく、向かうべき方向も入り口も見つけられずに、もがいていたような印象が残っている。学生集会への誘い、アジ演説、友人との議論、何年も同じノートを読み上げることで講義と称して生徒たちを拘束する授業なるもの、これらはみな心を動かすほどの力はなく、何かに取り組もうと思わせるほどの説得力がなかったように記憶している。

こんな気持のまま二年生になった私に、友人から日本初の熱気球飛行の計画に加わらないかとの誘いがかかった。

当時、アメリカやオーストラリアでは、人が乗って飛べる熱気球はすでにある程度の完成度をもって存在していたが、日本ではまだ誰もやったことがないとのことで、情報はまったく無く、ゼロからのスタートだった。

「――ならば気球という古い乗り物を、現代科学で一から計算し直して理想的な気球を作ろう」というのがグループの目的で、「イカロス昇天グループ」という奇妙な名称のもとに、数人が集まり、手づくりによる気球製作と初飛行を目指すこととなった。

学生運動はますます過熱し、多くの学生がそちらに振り向こうとしていた時期だったが、私の心は不思議議とその冒険話に惹きつけられた。学業よりも計画遂行が最優先となり、気球やゴンドラの製作、資金集めの企業回り、そんなことに奮闘する毎日がはじまった。

この熱気球飛行の顛末については、計画を言いだした梅棹エリオ君の手記「熱気球イカロス5号」に詳しく書かれているので、ここでは多くは触れない。

計画に参加して以降、私の生活や考え方は大きく変化し始めた。興味を惹かれない授業よりも計画遂行に熱中し、時間の多くをそれに費やすようになった。意思の向く方向に全力を傾ける、言い方をかえるなら、やりたいことに夢中になる、その快感を蜜を舐めるように味わってしまったのだ。

縮尺模型を作っての強度実験。球皮材料の吟味や排気弁の設計、ゴンドラの構造など、検討し、試作し、何度も検証する。それらは湿った炭のかたまりだった私の情熱に火をつけた。もちろん楽しいことばかりではなかった。実際に気球を飛ばすとなると学生の力だけでは資金的にも限界がある。気球やゴンドラ製作の傍ら、活動資金集めに企業回りもしなくてはならなかった。

　この仕事は苦行とも言えるもので、熱気球飛行計画の概要や目的をまとめた趣意書をつくり、これに探検や冒険に理解のある教授や著名人の方の同意を得て協力依頼書を付ける。それを大手企業に送付したあと、数日後にそれら企業に実際に出向いた。

　在阪の企業が主だったが、快く数万円のお金を渡してくれる会社も、胡散臭い眼で見られて結局なにも援助してくれない会社もあった。

　東京の会社へ、お金をもらいに行ったこともある。ある会社へ行くと、五十代の恰幅のいい、見るからに働き盛りでバリバリやっている、といった感じの男性が自分の執務室に招じ入れてくれ、

「大学で勉強ばかりしてるやつより、こういうことに意欲的に取り組んできたもんの方が、社会に出て役に立つんだ。卒業したら、うちの会社に来ないか」

と言って、社員食堂で昼食をご馳走してくれた。

　だが帰りの新幹線のなかで、計画の趣旨を理解してくれ、援助を受けられた安堵の反面、気持は少しも浮き立たなかった。会社名や肩書きが印刷された名刺の文字を見ながら、ごく近い将来、自分もこういう企業で背広を着て働くことになるのだろうか

と考えていたのだった。

私は工学部の冶金学科に籍を置いていた。卒業すると研究者として大学に残る数名以外は、大方どこかの企業に呑み込まれていく。先輩の多くは製鉄会社や自動車会社に就職していた。私も、この熱気球飛行というプロジェクトが終了すれば、社会のレールに乗せられて運ばれていくことになるのだろう。その日が間近に迫っている、この想像は、閉所恐怖症の人が密室に閉じ込められたときのような息苦しさを感じさせた。熱気球飛行計画が順調であっても、その先の自分に希望あふれる未来を描くことはできなかった。


計画から二年強の時間を費やして、昭和四十四年（一九六九）九月二十八日早朝、日本初の熱気球イカロス5号は、飛行場所として選定した北海道真狩村の大地を離れ、中空に向って一気に上昇しはじめた。この光景は私のまぶたに焼きついている。

梅棹エリオ君と私が最初の自由飛行を試みることとなって、私は、その操縦を任されていた。

——気球は、私たちを乗せたゴンドラを、苦もなく上空へ引き上げていく。もはや大地に結びつけるロープはない。ゴンドラ上部に取り付けられたバーナーからは、ピンク色の炎がゴーという轟音とともに気球内に向けて立ち昇っている。追跡用のトラックに乗り込もうとする仲間たちの姿も、見る見る小さく、置き去りにされていく。

十数分の飛行の後、イカロス5号は農家の豆畑を押しつぶしながら、それでも私も梅棹君も怪我もなく着陸し、第一回目の飛行は終了したのだった。

この初飛行のことを私は、六年後に月刊「天界航路」という冊子に、以下のように記述している。

『頂を初雪に飾られた深い群青の羊蹄山が、すぐ肩を並べんばかりの高さに聳《そび》え、そしてその裾野はゴンドラの下をくぐって遠く水溜りのように小さく光る洞爺湖にまで広がっていたにちがいなかった。晩秋の太陽はようやく朝靄を払い、頭上のオレンジ色の球皮をひときわ輝かせていたことだろう。けれども私はそれを憶えていない。たぶん私は下ばかり見つめていたのだろう。ジャガイモとアスパラガスの畑、そしてそれらを刈り取ったあとの黒い畝、小さな茂み、牧草地、淡い緑の樹木に蔽われた谷、札幌と洞爺湖を結ぶ細い国道、私は幾人かの人が車を降りてこちらを見上げていたのを憶えている。おそらく私は、何とかこの第一回の飛行を成功させようと、バーナーコックを握り締めながら、安全な降り場所ばかりを探していたにちがいなかった。そして十数分の飛行の後、着陸して、私は何かが過ぎた、何かを為しおおせた、という単純な感慨しかもちえなかったのを記憶している。

だが今、私はあの飛行がまったく素晴らしかったと言い切ることができる。あの飛行の素晴らしさは私の心のなかで、じゅうぶん培養され、ふくらみ、あの風に流れる飛行の感覚は、おそらく現実とは幾分かけ離れてしまったかもしれないが、もっと素晴らしい、夢の中に現れるような、羽ばたくこともなくついついと空を巡るような、そんな感覚となって私の心のなかに生きている。おそらくもっとも素晴らしい経験というのは、そういうものにちがいない、とこのごろ私は想っている。やっている最中にはわからないのだ。それを素晴らしいと感じられるには時日が必要なのだ。いま数年を経て、ようやく私は、あの飛行の本当の素晴らしさを味わっている』（「天界航路」は、北川フラムさんという人が発行したミニコミ誌だが、もはやほとんど人の目に触れることはないと思われるので再掲させていただいた）

皆と飛行の無事を祝っていると、朝日新聞の記者が取材に来て、初飛行の熱気球操縦者としてインタビューを受けた。それが数日後の朝刊の「人その意見」という欄に

掲載された。記事には「型にはまらぬ生き方を誇示」というサブタイトルがつけられている。その中で私は、

『思う方向へ行けない不便な乗物をなぜつくったのか――ひとことで言えば、やりたいことをやりたかったからです。周囲をみると、生活の安定や日常の糧（かて）を得るために生きている人が多い。せせこましい世の中に流されている。そのいい例が大学の学部によって、将来の道や職業がだいたい決まってしまうことなのです。型にはまってしまうことは自分にとって危険だと思う。気球を選んだのは〝好きなことをやっている〟自分自身を知らしめるためのアドバルーンであり、呼びかけなのです。人が認めてくれるかどうかは別として……』

と、話したことになっている。おそらくこの通り口にしたのだろう。着陸直後の荒い息づかいが聞こえそうである。何かを成し遂げたものが一瞬いだく万能感が溢れていて、何をやってもうまくいくにちがいない、という幸せな興奮に打ち震えている。無意識に思いついたことを口にしただけで、自分で言った言葉の意味もよく解っていなかったにちがいなかった。しかし、どうやらこれは衷心からの叫びだったようである。この先私は、この「型にはまらない生き方」という生き方を、ほとんど無意識のうちに選択していくことになる。

飛行後の日々

私たちが熱気球飛行のために北海道へ行っている間、在籍していた京都大学では、大変なことが起こっていた。いわゆる全共闘運動がピークに達して、学生たちが時計塔やその他の建物を占拠・封鎖したが、間もなく機動隊が突入して攻防のすえに封鎖は解除された、ということだった。

私たちもテレビや新聞をまったく見なかったわけではない。北海道大学ちかくの学生食堂のテレビに、遠く離れた京都の町並みが映し出されたこともあった。火炎瓶が投げられ、路面に飛び散った液体からは炎と煙がはげしく立ち昇り、よく見るとそれは、いつも行き来している百万遍交差点の光景だった。また京大時計台の塔の上に、セクトのものらしい旗が棚引いて、数人の学生が塔の屋上で抗議のポーズをとっている新聞写真なども見た。しかし、映像や記事は断片的で何が起こっているのかは、はっきりとは判らなかった。

帰京するとさっそく大学へ行ってみた。授業や卒業実験はストライキで止まっていた。本部正門前や教養部入り口には、ひときわ大きな看板が立てかけられ、「機動隊導入による封鎖解除に、断乎、抗議する」といった赤い大きな文字が躍っている。そのそばをヘルメットに手拭いで顔をおおい、鉄パイプを持った一団の学生が、シュップレッヒ・コールを上げながら走りぬけていった。

大学四年生の秋。気球のことに心を奪われているうちに時間は進み、同級生はとうに就職先も決めていたことだろう。だが私は、なにもしていなかった。就職の準備も卒業の準備も。私は、留年もやむなしと決めていたので、さほど焦ってはいなかったが。

数日後、授業も再開されたある日、学科の事務室の前を通ると、学生たちが掲示板を見て騒いでいた。見ると、今年の期末試験はすべてレポート提出になる、と発表されていて、その前で学生たちは口々に「先生は、問題の多い今の四年生を追い出したがっている」とか、「留年されて来年また騒動を起こされては大変だと思っているのだ」とか言い合っていた。私も同じことを感じたが、ひょっとすると卒業できるかもしれない、とも思った。レポートなら誰かのノートを見せてもらったり、教科書の引用の継ぎはぎでなんとかなるかもしれない、と考えたからだった。

しかしここで、躊躇する気持も起こってきた。卒業できたとして、そのあとどうするのか、という大問題が待ち受けていた。企業に就職するのか、もういちど一から勉強しなおして、大学院に入り、研究者を目指すのか、それともまったく別の生き方を試みるのか。それはこれまで何度も考えて、何一つ結論めいた答えが得られないできた大問題だった。

考えるともなく考えているうちに、あの「型にはまらない生き方」という言葉が浮かび上がってきた。だがもうこのころには飛行直後の幸せな達成感はなく、卒業や就職といった現実の壁を前に、万能感もかなりトーンダウンしていた。とはいえ、「型にはまらない生き方」という言葉が頭から離れなくなって、「それってなに?」と問いかけたり、「そんなもの初めから判っているはずないだろう。判っていれば、型にはまらない生き方ではなくなってしまう」と、自分自身に反論したりした。

また、このころから「冒険」という言葉が頭に浮かぶようになっていた。熱気球飛行のことが念頭にあったことはまちがいがない。私たちがやったことが、「冒険」という言葉に値するほどのことなのか。「冒険」とはなにか、といった問いかけが頭の中を往来しはじめた。

「冒険」という言葉からは、未登峰の登頂や南極点到達、アフリカ奥地の探検、音速への挑戦など、勇壮な行為が思い浮かぶ。では私は、何か熱気球飛行を超える新たな「冒険」を成し遂げようと思っていたのだろうか。

そうではないようである。肉体を直接危険にさらすのではなく、日常生活のなかで、生き方のなかで「冒険」をしようと思っていた。その表現の一つが「型にはまらない生き方」という言葉になって口をついて出たらしい。これは別に新しい着想ではなく、たとえば「日常生活の冒険」などと続けてしまうと、なんだか使い古された言葉になってしまう。考えようによっては現代人のすべてが、望むと望まざるにかかわらず、この「日常生活の冒険」に立ち向かわされている。持ち金すべてをビジネスチャンスに賭けた、などというのもこれに含まれるかもしれない。しかし私は、そういうことを目指していたのではなかった。ただ、なにか新しい生き方ができないものか、と考えていた。

特別したいことがあったわけではない。ただここでも、社会のレールに乗せられて一生を終わるのは嫌だなと思っていた。それを考えると、あの資金集めで東京へ行った帰りの新幹線での息苦しさが蘇ってきた。

またこのころ、私のなかには一種の「使命感」、このままなんの挑戦もなしに就職したり大学院を目指すのでは、なんだか申し訳ないな、という気持があったことも記憶している。社会に対して挑戦的な言辞を発したことの責任、あるいはせっかく何かするための踏み切り板（テイクオフボード）に立つ機会を与えられたのに、無駄にしてしまうのか、といった自分のふがいなさに対する自責の念があった。そしてまた、その対極には社会を甘くみると火傷する。安全を選択しても人というものは決して一生平穏に暮らせるものではない、という脅迫めいた不安がのしかかり、二つの力が心の中でせめぎあっていた。

私はとにかく卒業できるものなら卒業しようと決めた。学生のままでは何もできない、何も言えない。卒業すれば社会人だろう、自分で働いて食べて、人様に迷惑をかけなければ……、という決まり文句が浮かんできた。それでレポートの準備や卒業実験のまとめにとりかかった。

わたしの「腹の虫」

そんなある日、熱気球飛行の報告書ができたので、それを持って、T先生にお礼の挨拶にいった。T先生は所属研究室の指導教授ではなかったが、同じ金属系学科の教授で、気球の資金集めのときにお世話になっていた。先生は報告書をパラパラめくりながら、

「ところで君は、これからどうするんだ」と訊ねられた。

私は、「はあ」と曖昧に答えた。それからどう魔が差したのか、「就職しようかと思っています」と言ってしまった。すると先生は、電話を取って、誰かと話されたが、「じゃあ、頼むよ」と言って切られた。それから「引き受けてくれたよ」と言って、会社の説明をしてくださった。この場で私の就職内定が決まったらしい。

先生の説明によると、会社はF製鉄といって、当時八幡製鉄などとともに鉄鋼五社と言われた会社の一つで、このあとすぐに八幡製鉄と合併して新日本製鉄となる会社で、冶金学科を卒業しても成績が上位五位くらいでなかったら就職できない会社だった。そして私の成績はといえば、じっさい最下位にちかかった。

どうしてそういう番狂わせが可能になったのか、先生の説明によると熱気球飛行を、いわば好成績を残したスポーツ選手のように評価してくれたからだ、とのことであった。

私は、「有り難うございます」とお礼を述べて部屋を出たが、またしても複雑な気持に襲われた。なんであんなことを言ってしまったのだろう、と考えて自分でも判らなかった。

それからその日一日、私は考えた。何をどう考えたかは記憶から抜け落ちているが、考えて考えて、次の日先生を訪ねて、断って下さるよう、お願いした。先生は、「そうか」

とひとこと言われただけだった。

私は、留年することもなく昭和四十五年(一九七〇)年三月、卒業した。卒業式は取りやめになったのか、あったのに行かなかったのか、大学事務局で証書を受け取った。

ときどき、先生の前で「就職しようかと思っています」と言ったのは嘘だったのだろうかと思い返すことがある。そうではない。うそ偽りを言ったわけではなく、そのときはそう思った。だが具体的に会社の名前があがり、内定までいただいて、きゅっと胸が苦しくなった。帰ってきた夜、布団の中でうめき声を発しそうになった。何年か後になって、この気持を見事に言い表してくれている文章を読んで愕然となった。それは画家の中川一政氏の文で、氏は「腹の虫」という本の中で以下のように書いておられる。


『私の中には虫が棲んでいる。

山椒魚のようなものか海鼠《なまこ》のようなものかわからないが棲んでいる。

ふだん私はいるのを忘れている。

この本の中で私が月給をもらって泣きそうになったと書いたところがある。あれは私が泣いたのではない。腹の虫が泣いたのである』

その「泣きそうになったと書いたところ」として、以下の記述がある。

『父は心配したのだろう。手蔓をたのんで逓信官吏養成所にはいるようにしてくれた。木挽町にあった。私は雇で日給である。振替用紙の誤りを正す仕事である。山のようにつんであるから、毎日毎日それを繰り返すのである。

月末になって班長から給料をもらった。生まれてはじめて給料をもらった。

私は廊下へ出て窓の処へ出た。（中略）

私は給料袋をもった瞬間泣きそうになった。私はその窓の処で涙をぬぐった。

こんな事で一生を終えるのか、いかにも口惜しい事である。

私は暫らくして行かなくなったが、父は何も言わなかった』

あのまま就職していたらどうなっていただろう、と考えることがある。おそらく給料が振り込まれた通帳を見て、私の腹の虫も泣きだしただろう。そしてその泣き声はますます大きくなって、耐えられずに辞表を出すことになっただろう。それは先生にも会社にも、より大きな迷惑をお掛けすることになったにちがいない。

大学は出たけれど

とりあえず大学は卒業した。しかし、アルバイトの家庭教師の他にすることはなかった。心がずきずき苦しみはじめた。卒業せずに留年したほうがよかったのか、などと思った。いったいどうしてこんなに落ち込んだ(いまどきの言葉でいうなら、へこんだ、あるいはブルーな)気持になるのだろうか、と考えた。

親の家に住んで、完全な経済的自立はしていなかったが、小遣いはアルバイトでまかなっていた。急がなくとも人はみな、いずれ自分の食い扶持は自分で稼がなくてはならなくなるだろう。どう生きるかはこれからぼつぼつ考えればいい、と自分を励ました。

しかし元気は出なかった。その心を分析して、これが昔から言われている「肩身の狭い思い」というものなのか、と思い当たった。漠然とした居心地の悪さ、誰かに陰で批判されたり軽蔑の目で見られているのではないかという不安、大学生でもなく、会社員でも公務員でもなく、ただの人、これがこんなに不安な気持にさせるとは思ってもみなかった。まだフリーターという言葉はなかった。「不登校」も「引きこもり」

もなかった。名前がついて社会に認知されるとある意味、安心できるのかもしれない。しかし、そんな分類はなく、世の中に存在する人はみな、会社員か公務員か、お店で働く人か、大工さんのような職人さんか、あとは学生と子供に分類されて、すき間に存在する未分類の人間など誰もいないように、私には思われた。

しかし、それこそが「型にはまらない生き方」で、私が目指したものではなかったか、これこそが「日常生活の冒険」ではないのか、と自分自身を説得しようとした。危険が迫っているわけでもなく、明日食べる米粒がないわけでもない。こんな不安はすべて想像の産物だと言いきかせようとした。しかし頭では納得しても、心は従わなかった。落ち着かない不安定な気持が増大していった。

「もうすこしのあいだ、学生でいよう」と、私は一時的な敗北をみとめ、ひとまず撤退することにした。急いで飛び出すと風邪をひく。もうすこし学生でいて、これからやることについて計画を立てようと考えた。

だが卒業したものが学部学生に戻ることはできない。事務局に聞くと研究生という身分があって、他大学から編入を希望するものや、大学院受験に失敗したものが、そのまま研究室に所属しながら実験や授業を受けることができる制度があるとのことであった。私は、その手続きをして研究生という一年間の身分を手に入れた。

研究生という身分となったが、あまり大学へは行かなかった。周囲には大学院へ向けての勉強をすると言ってあったが、これも身が入らなかった。大学院へ入れたとして、その目的はより長期の猶予期間がほしいだけだ、ということは自分自身がよく判っていた。

大学へも行かず、家庭教師のアルバイト以外は働きもせず、このころ私はなにをしていたのだろう、と思い返すことがある。これといってなにかに取り組んでいたという記憶はない。思い出すのは日がな一日、部屋にこもって本を読んでいたことくらいである。イカロス計画のことで外を飛び回ることが多かったせいか、静かに部屋にこもって本が読みたいと、この頃は考えていた。それで家にあった文学全集やバーナード・ショーの戯曲など、なにを読むということもなく読んですごした。図書館へもときどきは行った。

そのころ、Sさんとよく会っていた。Sさんと私は学年が同じで、同じ小学校、中学校を卒業したが、一度も同じクラスになったことはない。それでもお互いになんとなく知っていた。再会したのは大学生になってからで、Sさんは、美術系の大学に進み、織《おり》(タピスリー)を専攻しているとのことで、展覧会などへも一緒に行くようになった。気球飛行のときは、私が墜落して死なないかと心配して札幌まで見に来てくれた。旅程の都合で初飛行を見ることなく帰っていったが、そんなことがあって卒業したら結婚しようという気持になっていた。

結婚したいというのを聞いて、父や母は猛反対した。Sさんの家でも同じことが起こった。反対の理由は両家とも、私に定職がない、ということだった。

「仕事もなしに、どうやって生きていくんや」

父も母も同じことを聞いた。

「当面、アルバイトでなんとかやっていく」と私は答えた。

週四日、中学生を教えて大卒の初任給くらいの収入はあった。Sさんの給料と合わせれば、なんとかやっていけると私は思っていた。しかし父もSさんの両親も、目先のことではなく、先々のことを心配していた。確かな目標も方針もなしに、いったいなにをするつもりなのか、と不安を感じて当然だったろう。来春、就職する、大学院に入る、というのなら、さほどの反対はなかったかもしれない。探せば一年遅れでどこかの会社に入れるだろう。それは父もSさんの両親もわかっていた。しかし私は、就職するとは言わなかった。大学院も、夏に試験を受けて思わしくない結果が出ていた。勉強しなかったのだから仕方がない。

「来年、もう一度受けるよ」と私は言った。それしか説得の方法がないので、そう言ったが、どうなることかと自分でも確信がなかった。

どんな生き方をするかはどちらの親にもあまり話さなかった。話すと余計に心配させる。だが「型にはまらない生き方」の試みとして、定職もないまま無謀に結婚しようとしたわけではなかった。「一緒に暮らしたい、それなら結婚しよう」それだけだった。

親というものは、自分の息子や娘のことで悪い方向には想像したくないものらしい。「来年、大学院試験を受けるというのなら、それもいいだろう」と考えたようだった。

大学を卒業した年の秋に、私とSさんは結婚した。私は二十三歳、Sさんは二十二歳。結婚式はせずに、両家族が集まって食事会を催しただけだった。私たちは、六畳一間にキッチン、トイレ付きバスなしという、いまの学生さんが借りるワンルームよりもひどい部屋を借りて住みはじめた。アパートの敷金は、とりあえず父に出してもらった。貯金などは何もなかったのだから。

しかし結婚して、気持は一つの踏ん切りを越えた感じで、晴れ晴れとした明るさが戻っていた。もう優柔不断の時期は終了したという認識だった。あとは、自分がこうしようと思う方法で生きればいい。先が見えない不安よりも、Sさんとの生活の中で新たな目標を見つけたい……そう思っていた。収入は家庭教師やあらたにコンサートプロモーターのスタッフを一時の業にしてしのいだ。

自分はそれで得心でも、Sさんには申し訳ないような暮らしをさせたと思い返すことがある。毎朝、Sさんは朝食を済ますと出勤する。そのころSさんは、薬学会の事務局で働いていた。私は、一緒に朝食を食べるときも、寝ているときもある。家庭教師は夕方からの仕事だから、昼間はすることがない。コンサートの仕事もいつもあるわけではなかった。大方はもの思いにふけって過ごした。自分だけ働いて、とSさんが不満がっても不思議はないが、そのころはそんなふうに考えたことはなかったと、Sさんは否定する。

日曜日には、山を歩いたり、植物園に行ったりした。そこでSさんは鉛筆を走らせて花のスケッチを描いたりしていた。

第二章

図書館をつくろう

ある日、Sさんのお祖母さんが長年借りて住んでいる家の一階、店の部分が空いているが、なにかするのなら使ってもいい、という話をSさんが聞いてきた。場所は「銀閣寺道」交差点のちかく、今出川通という広い通りに面している。当時はまだ市電が走り、店の前には電停があった。

Sさんのお祖母さんは、そこでパン屋と奥でコーヒーなどが飲めるお店を戦前から続けられてきたが、何年か前に閉店されていた。

見に行くと、電車通りに面して商店が並び、隣は本屋さん、その隣は散髪屋さん、反対隣にも細道をへだててお店があって、何屋さんでもできそうな環境である。木造二階建ての古い建物で、中に入ると八畳一間くらいのコンクリート床の空間があって、表側はシャッターが下りていた。

さてなにをしようか、とSさんと一緒に考えた。手伝っていたコンサートの企画事務所を持ってくることも考えたが、私自身はその方面の仕事を続けることに、やや抵抗が生まれ始めていた。

そのころの私がなにを考えていたのか、友人に出した四十年以上前の手紙の下書きが出てきた。

『——自分自身のことを話すなら私は、もう何年も前から「自分はなんのために生きているのか」ということを常に考え続けてきました。そして、一言でいうと「他人のために生きるしかない」という明快な結論に達しました。つまり自分や自分のまわりのごく限られた家族の幸福のためのみに生きるのでは、生きていく意義として、自分としてはじゅうぶんではないと思われる。お金を貯めて大きな家に住んだり、いい服を着たり、いわゆる世間が尊敬する地位についたとしても、目的が自分や家族の保身であったり快楽であるなら、私には意義深い生き方とは思えないのです。それは結局、自分らの裕福さを誇示して他人を見下し、傷つけることになってしまう。（なぜならそういう他人からの羨望や他人への優越感なくしては、お金も大きな家も意味が半減するのだから）

自分の損得のみに汲々として生きる人生なんてなんだか虚しい、と私には思われます。（こう書くとなにか宗教者的な発想と思われるかもしれませんが、続きを読んでいただくと、そうでないことが解ると思います）

人の役に立って生きたい、

自分がなにかして、それも自分だけしか出来ないことを一生懸命やって、それで人が喜んでくれる、そういう生き方をしたい。それしか自分が生きていく意義は見出せないだろう、と私は思っています。

もちろん会社に行って仕事する、大学で講義をする、八百屋さんを営んで新鮮な野菜をお客様に食べていただく、これらが他人の役に立っていない、意義がないなどとは考えていません。しかし貴方なら解っていただけると思いますが、それだけでは自分らしい、自分が真に意義があると認める生き方とは思えない、というのが私の率直な気持なのです。だから、ただ人の役に立つだけでなく、自分しかできない、個としての自分を発揮できる、しかも他人が喜んでくれることはないか、そのためには少々の苦労や世間的な目はいとわない、と思いながら生きています』《昭和四十七年(一九七二)某友人宛手紙》

いま読むと、ずいぶん結論を急いだ短兵急な議論のすすめ方だと思われる。それに、自分が得をすることしか考えない、利己的な生き方ばかりが風靡《ふうび》する現代の世相に照らすと——もちろんそんな風潮がいいとは思わないが、私のほうもあまりに大時代的で青臭いと思われそうで、ここに持ち出すのが気恥ずかしい気もする。しかし、さらに気恥ずかしいのは、この気持が、いまもあながち変わってはいない、あのころも今も似たようなことを考えて暮らしている、ということである。

さて、この手紙を書いた翌年の春、ある夜、突然目が覚めて、「図書館をつくろう」という着想がひらめいた。

小さなものでもいい、本が読めるスペースをつくって、誰でも、散歩の途中などに立ち寄ってもらって、ささやかな料金を支払ってもらう。本は多くなくても仕方がない。自分たちの持っている本を並べれば、不要の本を置いていってくれる人もいるだろう。こちらで並べた本より、むしろ自分が持ってきた本を読みたい、そういう場所に困っている人も多いのではないか、と思いついた。友人への手紙に書いた「真に意義がある生き方」を探し求めた結論がこれだ、というほど直線的ではなかったが……。

この発想には実は、私自身のいろいろな経験や小耳に挟んだ他の人の感想が元になっていた。

卒業後私は、よく本を読むようになっていたが、部屋にばかり居るのも苦痛で、読みかけの本を持って散歩に出かけた。そして公園のベンチに腰掛けて本を開く――。二ページ、三ページ、物語が展開する。しかし、そのころからトラブルが襲いかかってくる。風が爽やかだったのは初めだけで、なんとなく蒸し暑い。湿気もふくんでいる。耳元では蚊がプーンという警告音を鳴らしている。藤棚や桜の木の下は特に危険で、ケムシが糸をひいて落ちてきたり、クマバチが飛んできたりする。やはり冷房のきいた部屋の中がいい。

それで喫茶店に入る。ここなら虫に襲われたりはしない。しかし、別の問題があった。そのころほとんどの喫茶店では音楽が流れていた。ＢＧＭを静かに流すことで隣の話し声が気に障らないようにするためだろう。しかし、独りで本の世界に没入しようとすると、これがなかなか騒々しい。隣席のおしゃべりが、我慢の限界を超えることもある。あまり長居するとお店の人に嫌がられはしないか、という不安も起こってくる。ほどほどの時間で席を立たざるを得ない。それから、本を読んでいて気になる言葉や地名に突き当たったりすると、この場に辞書か百科事典、世界地図など、なにか参考書類があればいいのにとも思う（いまならスマホで、事足りるのだが）。

そこまで求めるのなら公立の図書館へ行けばいいとなるが、これが私には苦い経験しかなく、足が向かない。

理由はまったく個人的で、共感が得られるとは思わないが、鉄筋コンクリートの天井の高い、広い部屋で本を読んでいると、なんだか周囲からエネルギーを吸い取られていくようで、だんだん身体が気だるくなり、気力がなくなって本を投げ出してしまう。精神の集中力も失われ、思考が散漫に流れはじめる。それで読みたい本があっても早々に退席してしまう。

そういうことが何度かあって、特別の調べ物があるとき以外は行かなくなった。しかし、これは私だけの感想だろう。こういうことで公共図書館に難癖をつけるつもりはない。

ただ、その頃の京都府下の公共図書館の利用者サービスはじゅうぶんとは言えなかった、と私は思っている。北山通りの府立資料館は午後四時半に閉まってしまう。自分の本の持ち込みも禁止されていた。岡崎の府立図書館も席数が少なく、いつも行列ができていて待たなくては入れない。

市立の図書館は、分館のような小さなものはあったかもしれないが、京都市の規模に見合う市立図書館はなかったと記憶している。(昭和五十六年になって、個人の多額の寄付により京都市中央図書館が開館した。現在の席数一五六席)

そしてどの図書館も私の住んでいるところから遠く、バスを乗り継がなくては行けないところが多かった。もっと近くに気楽に行けて本が読めるスペースはないか、といつも思っていた。

こんな経験にくわえて、ラジオのトーク番組かなにかで聴いた若い女性の要望も耳底に残っていた。その人は、夜の街に出て、遅くまで物思いに耽ったり、将来のことを考えてみたいと思うことがあるが、安心して居られる場所がない。独りになりたいが、まったくの無人では物寂しく人恋しくも思える。邪魔されたくはないが、人のぬくもりも感じていたい。そんな夢を叶えてくれる場所が街のどこかにないか、とロマンティックな希望を訴えていた。

また、ある男性は、自分の部屋で一人勉強していると、すぐに眠くなってしまう。眠気を吹っ飛ばしてくれるくらい周囲の誰もが熱心に勉強に励んでいるところで、受験勉強に取り組みたいと思っている。だが学生でも予備校生でもない今の自分には、なかなかそういう場所が見つからない、と話していた。その人は、いったん会社へ入ったがやりたいことが見つかって、もう一度別の大学、別の学部を受け直す勉強をしているとのことだった。

こういう自分の経験や見知らぬ人の希望が心の底に沈んでいたのだろう。それらが眠っていた私を突然目覚めさせた。「図書館をつくろう」という思いとして噴出した。

思いついたときは興奮していたが、いろいろ思い巡らしていると、心配も襲いかかってきた。図書館の整備されていない時代ならともかく、いまどきあえてこんなことをやろうとするのは、よほど無謀な行為ではないか。若い頃には、いろいろやってみたいと考えるものかもしれないが、実際にやる、それはもう、勇気どころか、蛮勇のなせる業ではないか、など。

Sさんに話してみた。すると、Sさんはぞんがい平気で、「うけるかもしれないわね」と乗り気になってくれた。

私設図書館のコンセプト

しかし、いったいどんな場所にするのか。具体的なコンセプトは――？

すぐにはなんのイメージも浮かばなかった。それでSさんと一緒に、小図書館に求められる要望をまとめてみた。

①静かに本が読めること
②誰でも気楽に入れること
③辞書など最低限必要な参考書が備えられていること
④図書館を標榜するなら、机と本棚があって、
　いつでも本を手にとって読めること
⑤夜遅くまで開館していること
⑥大学受験や資格試験受験の人などが勉強できるように、
　自分の本が持ち込めること
⑦マンガや新聞、雑誌もあるほうがいい

さて、これらは基本的なことばかりで実現は難しくないのではないかと最初は思われた。けれども考えをすすめると、①の静かに本が読めることにしても、狭い所で落ち着いた場所がつくれるのだろうかとか、⑥の受験生などが勉強できる場と①とは、雰囲気的に相容れないのではないかとか、こんな場所をつくっても、お客様がお金を払って来てくれるのだろうか――やはり無茶な思いつきかも、などと不安になった。

だが、こういう心配や不安の先取りは、意味がないと思うことにした。借りられるスペースは狭く、工事費などにかけられるお金も少ない。その範囲内でやれることをやるのか、それとも別のことを考えるか、二つに一つしかないのだから。それならば、とにかくやってみよう、と心は決まった。

さて、図書館をつくろうと思いついて名前を考えていたとき、ふっと、「私設図書館」という名前が、理由もなく浮かんできた。個人が私的に開く図書館なのだから「私設図書館」でいいと思ったのだった。

この名前をSさんに話すと、首をかしげた。変な名前だし、使うとしても、「私設図書館○○」とすべきではないか、たとえば「私設図書館　哲学の道」とか、「哲学の道文庫」とか。なるほど「哲学の道」はすぐちかくにあって思索の道として知られている。図書館とは相性もいい。しかし私は、固有名詞としてこの名を使いたいと思った。当時自分が知る限り、ほかに私設の図書館はなかったし、それがどういうところかすぐに想像できる。ただそのままではあまりに事務的で、情緒が無いように思えた。それで「図」の字に旧字の「圖」の文字を使うことにした。明治時代の本を多く読んでいたからでもあるが、「私設圖書館」のほうが気持ちにぴったりきた。こちらの方はSさんも賛成してくれた。

図書館の空間づくり

借りられる場所は実際に測ってみると、畳に換算して約十四畳。しかし、建物の北側、今出川通に面した開口部分に大きな問題があった。そこはもと店の正面入り口でシャッターが下りていたが、前には市電の停留所があって、頻繁に電車が止まり、シャッターを振動させては発車していた。自動車の騒音も、ストレートに伝わってくる。この音を何とかしなくてはならない。そうでないと図書館の絶対条件である、「静けさ」を実現することが不可能になる。そこで、東側に入り口を作り、北側のシャッター

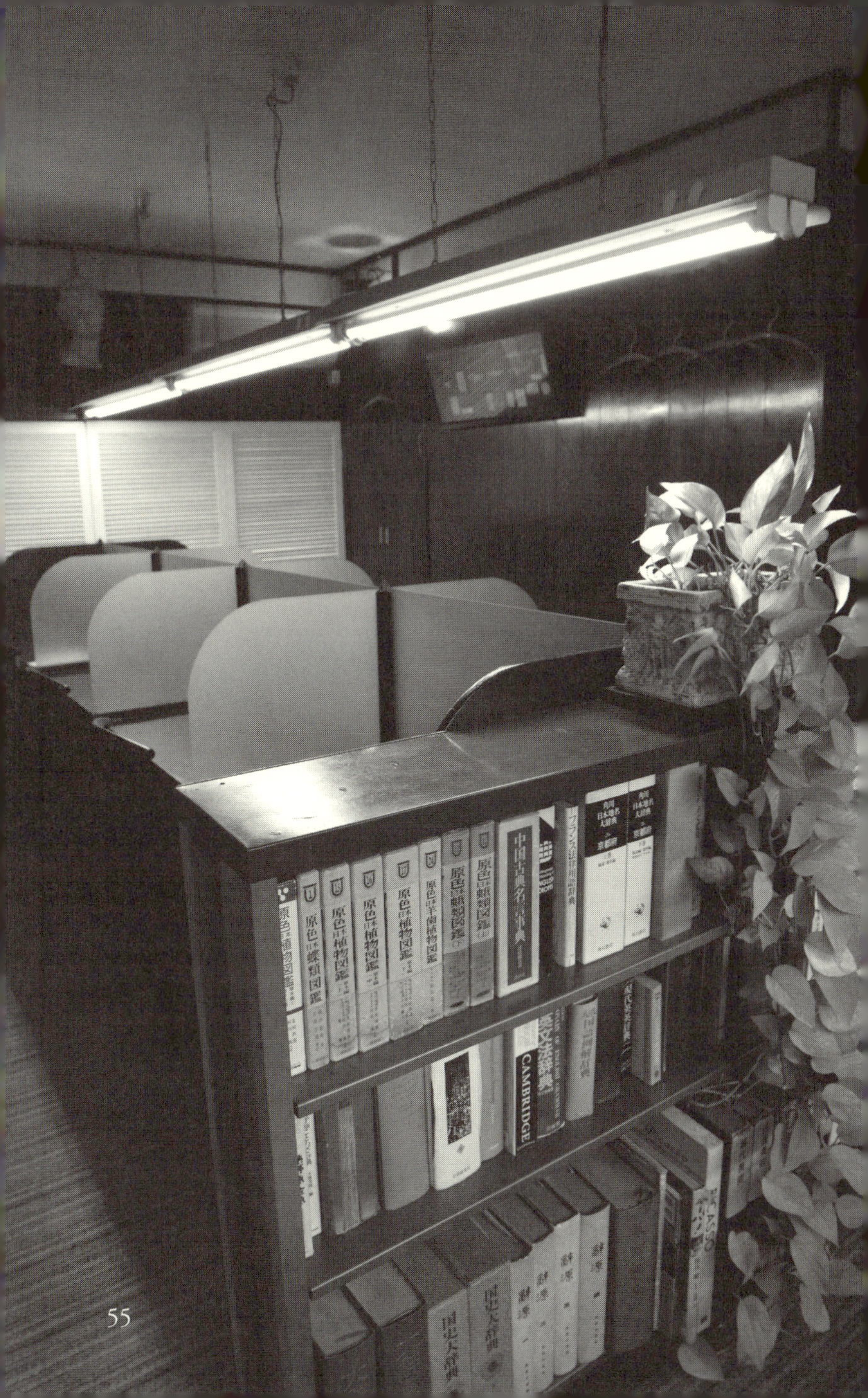
原色日本蝶類図鑑
原色日本植物図鑑
中国古典名言事典
CAMBRIDGE
国史大辞典
辞源

は撤去してブロック壁でふさぐことにした。

しかし壁にしてふさいでしまうと真っ暗で、明り取りの窓が必要となる。通常のサッシ窓では、騒音を防ぎきれない。分厚いガラスにして、嵌《は》め殺しにしなくてはならない。

騒音については、開館直後から苦しめられた大問題で、昭和五十一年に市電が廃止され、バス停がすぐ前の歩道に置かれたことで、さらにひどくなった。明り取りの窓を壁の高い位置に横長につけて、十ミリ厚のガラスを嵌めてもらったが抑えることはできず、創館後最初の改装のときに、さらにもう一枚、外から十ミリのガラスを嵌めて二重にして、ようやく解決した。

どうしてこんな重装備にしなくてはならなかったのか。最大の理由は、室内が無音な分、外の音が大きく感じられるからである。音楽が流れているか、人のしゃべり声があると、バスの音など気にならないものである。しかし、そのどちらもないと外の音が耳ざわりとなる。そして図書館である以上、おしゃべり禁止、音楽無しは、避けられない必須条件だった。

室内はどんなデザインにするか。場所と費用の制約で、おのずから限られたものになるのは仕方がないとしても、基調は決めておいた方がいい。
すぐに思い浮かんだのは、白い壁と焦げ茶色の柱の組み合わせ、という私の以前からの好みの様式で、それはこの古い木造建物の外観とも違和感がなく、室内もそんなふうに仕上げたいと思った。さらに素材としては昔からあるもの、木とガラスと石（コンクリート）を主にして、プラスチックは使いたくないと決めた。

机は、人が向かい合うより壁に向いたほうが落ち着くだろうと、北側のブロック壁に沿って長いカウンターのような台をラワン材の厚板で大工さんに作ってもらうことにした。これに椅子を六脚並べる。

西側の壁にも、やはり厚板の台を固定して四席ぶんの机にする。中央には六人が向き合って座れる大テーブルを考えたが、雰囲気に合う天然木のテーブルなどとても手が出ない。これも厚いラワン材で作ってもらうことにした。

出来栄えは家具というより木の台のままだが、ニスで仕上げると、いい感じのものになった。デコラ貼りの食堂テーブルというう選択は、どうしても避けたかったので、木のぬくもりが感じられるだけで、よしとすることにした。これで客席として取れる席数は十六。パズルのように配置を考えたが、十六席を超えることはできなかった。

椅子も、パイプ椅子やスチール製を除外したうえで、座りやすく、雰囲気のいいものとなるとなかなか見つからない。最終的に岐阜県のメーカーの民芸家具を選んだが、十六席でも、かなりの負担となった。本棚も木製がいいとは思ったが予算の都合上、市販のスチール製で棚の高さが調整できるものにした。（結局これが便利で、いまでも使っている）

大きな工事は大工さんと左官屋さんに任せたが、自分たちですることがたくさん残っていた。

北側の新しいブロック壁は、内側外側とも左官屋さんの仕上げでブロックの筋は見えなくなったが、グレーのセメント色のままである。西内壁も長年の使用で黒ずんでいた。これらを真っ白にしたい。予算の都合で、ペンキを買ってきてSさんと二人で塗ることにした。壁の両端から塗り始めたが、Sさんとはスピードが比べ物にならない。塗りむらも少ない。Sさんはタピスリーも織るが絵も描いていて、いつも絵筆を使ってきたので慣れている。ペンキ塗りも嫌いではないと言う。これ以後、壁が汚れてもSさんが塗りなおしてくれることとなった。

辞書や地図などは、差し当たって自分のものとSさんのものを並べることで間にあわすことにした。国語辞典、漢和辞典、英和・和英辞書、世界地図、日本地図など。それに大学で選択したドイツ語辞典も。もちろん百科辞典や、そのほかいろいろな辞書を置きたかったが、先のことにした。現在は買い増したり寄贈していただいたりでかなり増えたが、残念ながら不十分であることに変わりはない。

新聞、雑誌なども、日刊紙とスポーツ紙、それに週刊誌・月刊誌など、五、六種類を置くことにして、マンガ本も何冊か棚に並べた。

開館時間については、私もSさんもともに夜型だったので、午後一時開館、午前零時閉館と決めた。その後、開館時間は午前十一時になったり午前九時になったりしたが、閉館午前零時は創館以来変えたことはない。後片付けをして寝るのが午前二時、三時になるから、身体に良くないとは思ったが、必要とする人が多いだろうと頑張ることにした。実際、いまも喜んで下さる方は多い。

そして入館料は——？　しかし、価格水準というものがない。なにしろ同業者がいないのだから。そのころ少なくとも京都市内には、このような有料図書館は無かった。おそらく他府県にも無かったと思われる。とにかく高くしては、喜んで来ていただくことはできないだろう。こちらとしても、やる意味がなくなる。だが、電気代やガス代、わずかだがお祖母さんに渡す使用料、さらに、もし好評で続けることができるなら、二人の生活費もここに頼らざるを得ないことになる。

そのころ私はまだ家庭教師を続けていたが、開館すればSさんは勤めていた事務の仕事を辞めるつもりでいた。そういうことを含めて、日割りした予想経費から入館料も決めなくてはならなかったのだろうが、実際は予想の立てようもなく深くは検討しなかった。

自分がお客だったら、これくらいなら払ってもいいかな、という判断から、三時間以内百円、四時間目からは一時間三十円と決めた。当時の喫茶店のコーヒー代が一三〇円くらいだったろうか。物価水準がいまとは異なるが、高い料金ではなかったと思っている。そして来られた方には、おもてなしの気持としてお茶をお出しすることにした。

第三章 「私設圖書館」開館

昭和四十八年(一九七三)、銀閣寺方面への観光客でにぎわうゴールデンウィークをわざと避けて、五月七日に「私設圖書館」は、花輪一つなしに静かに開館した。

しかし、誰も来ない。

お客様が一人も来てくださらない。

もちろん案内葉書を出したので、友人や知人は観葉植物などを持ってお祝いに来てくれた。親しい何人かはお客様になって椅子に座ってくれたりもした。だが、ほかには誰も入って来てくれない。かなりの人が外の案内看板を読んでいる気配はあるのに、ドアを押して覗いてくれた人は一日で数人、それも中を見回すと慌てて閉めてしまう。「開館中」の木札が裏返っていないか心配になって確認に出たほどである。

結局一般のお客様は誰も来なかったと記憶している。開館して一週間くらいは、こんな状態が続いた。

どうしてだろう、とSさんと考えた。するとコンセプトのひとつ「誰でも気楽に入れること」という項目については、何も考えていなかった、と気が付いた。散歩や通勤・

通学の人が行き来する人通りの多い市電停留所前だから、「ご案内」を読んで、趣旨を理解してくれれば、必要とする人は来てくれるだろうと思っていた。

しかし、大きな見込みちがいだった。通りがかりの人が興味をもって案内の文章を読んでくれたとしても、この堅苦しい趣旨を読むと何だか不気味で入りにくいのだろう、それが原因だ、と思いあたった。

また、表通り側は高いところに明かり取り窓があるだけで中は見えない。入り口ドア横には小窓があって中が覗けたが、机と椅子の一部が見えるだけである。もちろん広告のようなものは何も出していなかった。

これは何とかしなくてはならないと焦りが出てきた。

まず堅苦しい趣旨は趣旨として、わかりやすい利用方法・目的などを書いたチラシを作って配ろうということになった。それで開館時間や入館料のほかに、小学生から社会人まで誰でも利用できることや、途中の入退出が自由なこと、飲み物・お菓子など持ち込み可能なことなど、いろいろ書いて印刷したものを、大学の入り口で配ったり、学生アパートの郵便受けに入れたりした。

その効果があったのか、なかったのか、一人二人とお客様が増えていった。地元新聞も、小さな紹介記事を載せてくれた。

そして半月ほど経ったころ、夏を思わせる暑い日が続いた。家庭用にようやくクーラーがつき始めた頃で、当然ながら学生下宿やアパートにはまだクーラーなど無縁の時代だった。ある暑い日曜日、開館時間にドアを開けると、前に行列ができていて、あっという間に十六席が一杯になってしまった。

それからは早い時間に満席になって、あふれた人をお断りするのが仕事のような日々となった。なにしろほとんどの方が基本料金の三時間は在席される。あふれた人に待ってもらう場所もない。おのずとお客様の数は頭打ちとなり、一日の売り上げを数えると、これがまた情けないほどの額にしかならなかった。お茶を届けに来てくれたお茶屋さんの主人は、「趣味でんな」と言って帰っていった。仕事ではなく趣味だというのである。

お茶屋さんだけでなく、近所の商店主など誰もが、三ヶ月でつぶれる、と予想していたようだった。そんな声が、どこからともなく聞こえてきた。

しかし、お客様が来ないのなら閉館もやむなし、となるが、好評で待ってもらうほどなのに閉めるわけにはいかない、と私もSさんも考えていた。それで売り上げがわずかなことは気にせず続けることにした。まったく、若くて元気だったからできたと今では思う。

夏の日差しが建物に照りつけ、中は満席のお客様から出た熱気が室温をじりじり上げていく。力の弱いクーラーからは、もはや冷気は出ていないのではないかと疑われるほどである。それでもお客様は帰ろうとしない。こちらも、もう気を揉まないことにした。気を揉んでも室温が下がるわけではないのだから。

秋になってしばらくしたころ、すこしだけ値上げさせてもらった。その後も、物価に合わせて値上げしたり、値下げしたりしたが、お客様が途切れることはなかった。にもかかわらず、貯金通帳にお金が貯まるということもなかった。お金のことは考えないことにして、なんとか食べていければいいと思っていた。

休みの日には、図書館の壊れた機材を修理したり、備品を買いに回ったり、することは、たくさんあった。

お客様が雰囲気をつくってくださる

創館して二年ほど経ったころ、好評なので一階奥の部屋も使わせてもらうことになって室内を全面的に改装した。十席増席することができ、二十六席になった。お客様は冷房の季節が過ぎても減らなかったし、少し値上げさせていただいたときも、一時的に少なくなったが、間もなく戻ってきてくださった。席数が増えても、そのぶん新しいお客様も増えて、日曜などには満席になる日が続いた。

奥の部分まで客室を広げたときに、壁際の客席の上部、ちょうどお客様の頭の上の位置に、もちろん頭をぶつけない高さに、本棚を大工さんに取り付けてもらった。なぜそんな高いところに本棚を作ったかというと、やはり一席でも多く席を取りたかった。待ってもらったりお断りしたりが度々で申し訳なく思っていたからである。

おかげで蔵書数を増やすことができた。それまでご案内に「ご不要の図書のご寄贈をお願い致します」と書いていて、たくさんの本の寄贈を受けていたが、置く場所がなかった。これでそれらの本を並べることができるようになり、手ぶらで入ってこられたお客様も、一冊くらい読んでみようかと思う本が見つかるだろう。開館当初から続けてきた雑誌や辞書を除く一般図書の館外貸出しも増えるにちがいない。

また、このときにお客様の要望で、隣り合う席と席の間や、向かい合う席にガラスのついたてを取り付けた。

四十センチほどの高さの扇型の擦りガラスで、隣の人の顔を隠すことはできないが、それぞれの手元は隠れる。これでなにを書いているのか、なにを読んでいるのかなどは見えなくなった。また、隣や向かいの人の気配なども、さほど気にならなくなった、と言ってくださるお客様もいた。それでも満席近くになると、向かいや隣の席の物音や人の動きが気に掛かるという方が出てくる。このことはある程度は仕方がない。狭いところなのだから、書物に神経を集中することで解決してもらうしかないだろうと思うことにした。しかしついたては効果があった。初めは半分くらいの席に付けてみたがついたてのある席から埋まっていく。それで全席に付けることになった。

だが、この隣の席に人が居る、隣の席の人の気配が伝わってくる、というのは、必ずしもマイナスばかりではないことが判ってきた。

お客様がたくさん来てくださるようになったころから、いったいどういう方が、どういう理由で来られているのか。ただ単に他に適当な場所がないからなのか、なにかを期待して来てくださっているのか。大学受験や資格試験など何らかの受験勉強が目的で来られる方が多いのは判っていたが、文庫本を開いて二時間ほど読んで帰られる方や、たくさんの専門図書を持ち込んで研究論文のようなものを書いてられる方もある。ほんとうにこれらの人たちは勉強する場所がないのだろうか、それとも何か理由があって、あえて「私設圖書館」へ来てくださっているのだろうか。これはすぐには判らなかったが、お客様ノート（フリーノート）の書き込みなどで、だんだん判ってきた。ついたての高さにも関係することが判明した。

『いつも利用させて頂いている者です。塾嫌いの受験生である私には、一人で集中して勉強に励むことのできる空間が殆どなく、私設圖書館はそんな私の心強い味方となってくれました。ここを利用する日々を重ねていくにつれ、ここが自分の勉強スペースであると同時に自分の心の憩いの場となってきました。隣の人を勝手に知り合いだと思い込んでみたり、私と同じように頻繁に利用されている方にニックネームをつけてみたりと、学校とはちがう、知人が誰一人いない空間での楽しみを色々と満喫させて頂きました。（中略）

私は自宅が多少遠いため、ここを訪れる機会は今後、殆どなくなってしまいます。スタッフのみなさん、ここの雰囲気を作ってくれた入館者のみなさん、本当にお世話になりました』

『ここでの勉強は本当にはかどりました。一つの机が僕の空間として与えられたことで集中力が高められました。毎日来ていると僕と同じようによく見る面々の方々もいて、「あの人たちもここでいろいろがんばってらっしゃるのだな」と励まされることもしばしばありました。（中略）
ここは本当にいい場所です。このような施設の経営は大変だとは思いますが、是非これからも末永く「無言のいこいの場」を続けていってください』

『最近頻繁に利用している社会人くずれの司法試験受験生です。勉強場所がなくて困っていたところ、思わぬ所にいい場所をみつけることができ、大変ありがたく思っています』

『どこか静かな所で勉強できる所はないかとさがしていたところ、一度入ってみようと、この私設圖書館へ入りました。もろ、いっぺんに気に入りました。こんなにおおぜいの人達がいるにもかかわらず、まわりを気にせず、まるで私一人がここで本を読んでいる。この静けさ、心が落ち着いて、私にこれほどの集中力があるなんて、思いもしませんでした。この私設圖書館に出会って心から感謝しています。今この世の中は一年一年目まぐるしく変わり、情報と騒音のうずの中、大切な心がおきざりになり、外の社会にふりまわされ、自分自身を見失っていく、そんな時も立ち止まって、ここに来て、今何が私にとって大切なのかと、心に耳を向けることができる空間でもあるのです』

『あきらめかけていた夢を追っている途中です。まだ目途もたっていない有様ですが、ここで頑張る時は、少しずつ少しずつ近付けているような気がします。ここの存在は知っていたけれど、来た事はなかったのですが、勇気を出して扉を開いてみて良かったなあと思っています。こんなに集中できる空間を他に知りま

せん。(中略)
哲学の道の桜は、知っている中でいちばん綺麗です。そろそろ本気を出して行かなくては――』

これらのことを集約すると、ここ「私設圖書館」は、なんだか特別の雰囲気を持つ空間らしい。それは私やSさんが意図して醸成したものではなく、お客様が無言のうちにつくってくださっているもので、それが刺激にもなり、励みにもなって、このような感想をいただける空間が生み出されている、ということなのだろう。この最後の書き込みには、Sさんが次のようなコメントを書き添えている。

「扉を押して下さってありがとうございます。〝夢の実現〟心よりお祈り申し上げます。ここの空間は来られる方々お一人お一人のお姿からかもし出される雰囲気でつくられる空間です。ご一緒に育てて下さいますようこれからもよろしくお願い致します」

だからついたても、もちろん必要なのだが、けっして隣の気配が遮断されるほど高すぎてはいけない、と私は思っている。

私設圖書館に来る人たち

このほか様々な試験に合格した喜びの報告や、将来への決意表明もフリーノートにたくさん記入して頂いている。

『高三の時から、浪人二年生の今まで、ありがとうございました。第一志望だった大学に無事に合格することができました。私設圖書館、ここがあるので集中力を凄く養うことができたんだな、と思います。塾の自習室でさえ、これほどの空気は無いし、またそういう張りのある空気をつくっておられる人達がいる場所はないと思います。その姿勢や雰囲気に鼓舞されて、一つの戦いを切り抜けた。その場をつくって下さった皆さんに、本当に感謝です』

『公認会計士を目指すと決めて約二ヵ月になり、Wスクールの授業も本格的になってきました。現在大学二年生なので、二年後の試験に合格しなければ、いわゆる〝無職〟となります。貴重な大学新卒の権利も失うこととなるので、かなり悩みましたが、リスクを取らない人生なんてつまらないというのが結論です。
何かに迷ったとき、リスクをできる限り回避しようという姿勢ではなく、まず道を自分の意志で選び、その後についてくるリスクは何とかするという姿勢でいきたいと思いました。今回の選択におけるリスクは偶発的なものではなく、自分の行動、意識、生活を変えていくことで回避可能、管理可能なものです。こういうリスクは積極的に負っていくべきだと考えております。(中略)
長々と決意表明のため、自分の気持の整理のためにも書かせていただきました。それでは長いようで短い間、よろしくお願いします』

長年やっていると、こんな書き込みも頂くようになった。

『私設圖書館を初めて利用させて頂いたのは、現在大学三回生の娘が高校受験の冬でした。娘と当時五年生の息子と三人で、こちらで勉強したり、読書したり、私にも子供たちにも好きな場所となりました。当時小学五年生だった息子が現在高校二年生になり、昨年あたりから山科より自転車で時々通うようになりました。

テスト前の雨の夜などは、息子を送るという理由で、私も本を沢山持ち、息子とこちらに寄せて頂くのが楽しみです。いずれ息子や娘にとって青春時代のなつかしい場所となるでしょう。おばあちゃんになっても通わせていただきたいと思います。どうぞ末永く続けられますよう、宜しくお願い致します』

よく来てくださっていた大学生がいつの間にか来られなくなり、何年か後に子供さんを連れて来てくださる、ということもときどきある。お父さんらしく隣に座って子供に気配りされているのを見るのは微笑ましいが、若い頃のイメージも重なって星霜の流れを感じてしまう。

お客様同志が「私設圖書館」での出会いがきっかけで「結婚しました」とお知らせをいただくこともある。しかし逆のケースも——。こんな書き込みを頂いている。

この方は館内のW-i-F-i接続のことでいろいろ教えていただいた方で、お友達の女性のことも含めて、私やSさんには思い出深いお二人となっている。

『ご無沙汰しております。二〇〇二年~二〇一〇年までの高校、大学時代に、お世話になりました○○です。大学を卒業して早四年半、東京で社会人をしています。今回、京都で用事があり、久しぶりに立ち寄りたくなって来てみたら、昔と変わらずそのままの姿、雰囲気の「私設圖書館」があり、懐かしく、ホッとした気持に浸らせて頂いています。一階や二階、休憩室、図書館の周辺、すべての場所に様々な思い出が残っていて、どこを見ても昔の一ページが思い起こされ、再生される、不思議な感覚です。

このノートの初めの方を見ると、大学一年生~大学院終了までの自分の書き込みが今も残っていて、タイムカプセルのような、このノートの重みを感じます。昔よく一緒に来ていた彼女は、ちょうど再来週に結婚(自分とではないのですが)することになり、自分も、同じく再来週に別の人と入籍することになりました。それぞれ間もなく人生の節目となるこのタイミングで、このノートにご報告できるのを、とても嬉しく感じています』

お客様と直接お話することは少ないが、フリーノートから、悩みや苦しみも伝わってくる。

『初めてここに来ました。そしてその雰囲気、飲んだ紅茶の温かさに涙がでてしまいそうになりました。昨日病院に行き、貧血と診断され、薬を渡されました。今までの無理をしていた生活のせいでしょうか。でも、無理をしていた以上に楽しかったのです、そんな生活が。私は自分が強いことも、弱いことも分かっているつもりでした。先日二十歳を迎え、やり残したことはなかったかと自分の足跡を見つめました。高校時代、人との間で問題を起こし、普通の人が楽しんだ高校生活は、少し送れなかった部分があったのかもしれません。（中略）脈絡なく書いてしまってすいません。でも見えない妖精に話をしたように気持が明るくなりました。ありがとうございます。また来て、お茶を飲んで、こうやって書いていたいと思います』

『もう夢中で、この皆の思いが詰まったノートを読んでしまいました。一人ひとりちがうように、ここへくる人の人生も書いてある内容も様々で、やはり良い空間というのは、場所も要素の一つですが、ここに来る人の一生懸命な姿勢があるからかなあと思いました。この春で京都に来て三年目で、大学生活も残す所、あと二年となりました。時々、最近悩んだり、迷ったり、自信がなくなったり、分からなくなったりします。自分のことなのに分からなくなるって変な事ですよね。ここではゆっくりとした時間が流れているので、日々の忙しさでアカ?まみれになった心がゆっくり少しずつ、氷が溶けるように洗われていくような感覚ですが、まだまだ時間が足りませんでした……』

『ただ今、お仕事を休んで、自分を見つめ直す時を過ごしています。娘たちは大学生、高校生となり、それぞれ忙しい日々を送ってます。看護師として七年〇〇病院で働いてはきましたが、命の重みにたえきれず、あえなく自滅。（中略）この先、何を職業にするのか、どういうふうに仕事を見つければいいのか、煮詰まり中……』

『人間やっぱり自分が一番かわいいんですかね、私も含めて。みんなが一緒にいい人間をすることは、きっとできないんでしょうね。私はというと、ずいぶんやな奴なんだけど、自分がけっこう好きで(笑)、どうせならメチャクチャ自分を嫌いになりきれれば、一からやり直しができたかもしれないのですが、どうもそれが無理みたいで(笑)。自分で言うのもなんですが、私けっこう人とちがっているみたいです(笑)。実は、暴走族の総長(レディース)をしてました。つい一年半くらい前まで。けれど、今は一応まじめに生きてます(笑)。幼稚園から私立に通っていた、いわゆる、ちょっとした〝おじょうさん〟だったのですが、中学に入って、我慢してたものが、フッキレちゃったんですかね(笑)。グレちゃいました(笑)。すっごく色々悩みました。すっごく泣きました。死ぬほど苦しくて、本気で死んじゃおうと思いました。でも今、生きてますね(笑)。ぜいたくな悩みですが、お金より愛情が欲しかったのですかね。もっと普通の子でなかったから、もっと愛情が欲しかったのかも……。(中略)なんか話グチャグチャですみません。いっぱいノートも使っちゃって』

この方は、三週間後にはアメリカへ留学すると書いて、『あと何年して日本に帰ってくるかは未定ですが、絶対この場所を残しておいて下さい』と結んでおられる。反発しながらもご両親を深く愛されていることも伝わってくる。

Sさんは、この書き込みの後に、「親とズレて失望したら、親と同世代またもっとさかのぼって、歴史の中で、その時代に周囲から浮き上がって偏見と戦いながら時代をつくり続けた〝女性〟の方々に視点を向けられたら如何でしょうか」とコメントを書いている。

「おやつってこれだけ？」
「おいしかった？」
「♡♡♡♡」
「その代わりに、お父さんにかね井さんで早めの晩ごはんはどうかとお願い中
——」

書かれていたのは、お客様にお出しする紅茶かコーヒーにお付けしているスティックシュガーの紙袋で、戻ってきたソーサーに置かれていたのをあまりの可愛さにスタッフの誰かが取っておいてくれたものである。

内容から若いお母さんと、小さなお嬢ちゃんか男の子のやり取りが目に浮かぶ。

二人は隣のお客様の邪魔にならないように、シュガーの空袋で筆談されたのだろう。
数年まえから外国のお客様も、ときどき見かけるようになった。中国福建省の方がていねいに見てまわり、素晴らしいということを顔の表情と解らない言葉で連発して帰っていかれた。またフランスから来られた方が、やはり理解できない英語まじりのフランス語で早口に話されて、気を遣いながら写真を撮っていかれた。名刺にはコンサルタント・ライブラリアンと書かれていた。
近頃は、利用者としての外国のお客様も増えてきている。きっかけは英語訳の看板と、案内チラシの英語版を入り口に置くようになってからだろう。
「私設圖書館」を英語でどう訳したらいいのかと以前から考えていたが、あるお客様が、フリーノートに、
『「私設圖書館」とは、英訳すると、おそらく、
The Privately Founded Library
になるのでしょうか』
と、書いてくださって、なるほどそれでいいのかと、少し語順を変えて、

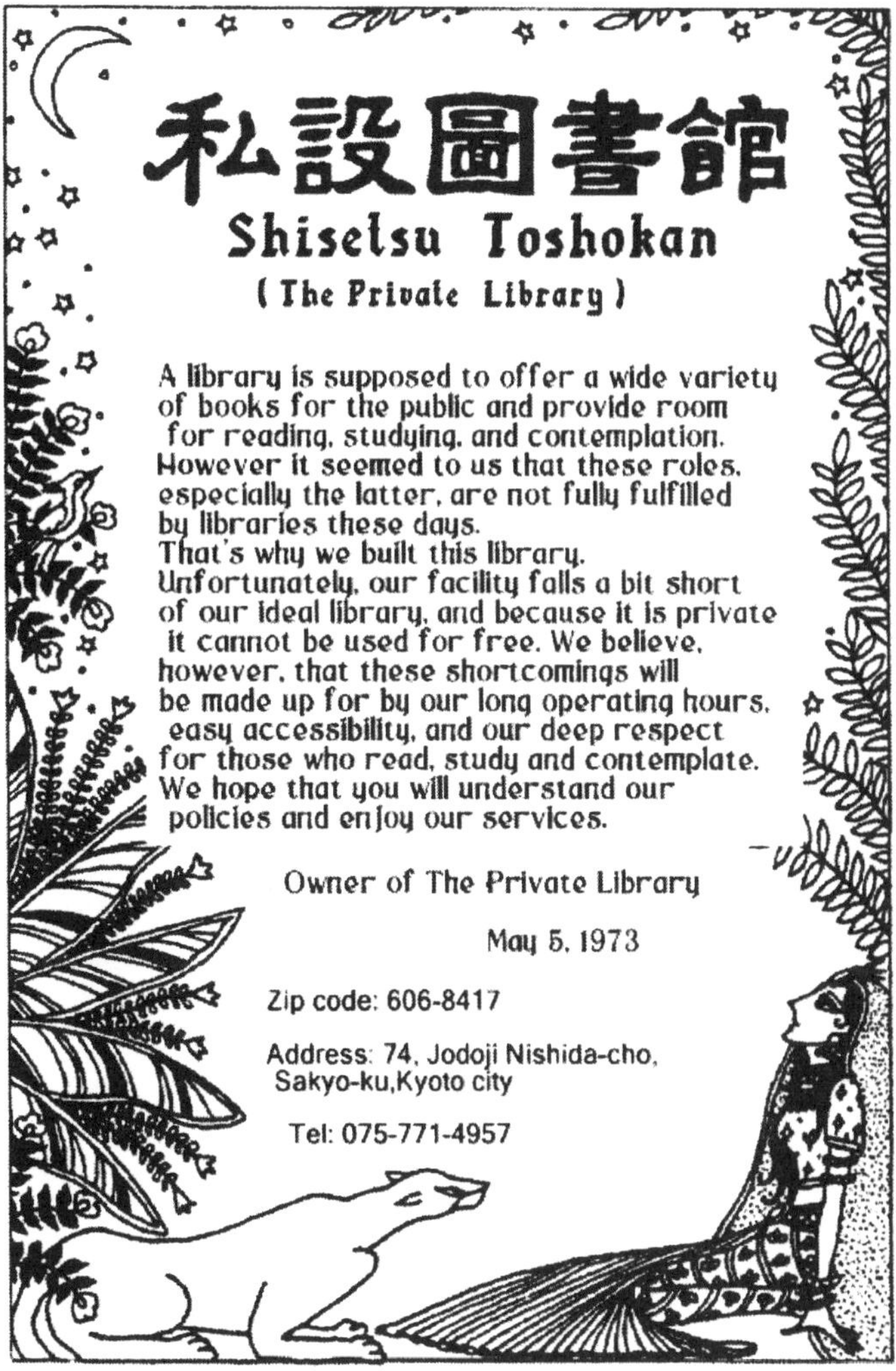

私設圖書館

Shiselsu Toshokan

(The Private Library)

A library is supposed to offer a wide variety of books for the public and provide room for reading, studying, and contemplation. However it seemed to us that these roles, especially the latter, are not fully fulfilled by libraries these days.
That's why we built this library.
Unfortunately, our facility falls a bit short of our ideal library, and because it is private it cannot be used for free. We believe, however, that these shortcomings will be made up for by our long operating hours, easy accessibility, and our deep respect for those who read, study and contemplate.
We hope that you will understand our policies and enjoy our services.

Owner of The Private Library

May 5, 1973

Zip code: 606-8417

Address: 74, Jodoji Nishida-cho,
Sakyo-ku,Kyoto city

Tel: 075-771-4957

「The Library Privately Founded」として掲示した。

その後、スタッフの一人から、よく来てくださっている日本語勉強中のイタリア女性が、「私設圖書館」の趣旨の文章は勉強中の自分には難しすぎると話しておられると聞いて、やはり英訳の案内チラシを作ったほうがいいと思うようになった。それで英語に堪能なスタッフに依頼したところ、カナダ人の友人と頭をひねって前のページのように翻訳してくれた。

彼の話では、「私設圖書館」はThe Private Libraryでじゅうぶん通じる、とのことだった。

私は英語に不慣れな上に外国人に話しかけられるとドギマギするほうで、外国のお客様が来られると緊張するのだが、分かりやすい発音だったり、上手な日本語で話してくださる方も多く、たどたどしいやり取りでも気持ちは通じるものだと思っている。

二〇一四年の夏には、あるドイツ人の年配の女性が数冊の英文の本を寄贈してくださって、フリーノートにも書きこみを残してくださった。

『My husband, Prof.○○, is a Visiting Professor at Kyoto University for the winter semester 2013/14. We are enjoying our stay in this beautiful city. While waiting for bus 17 one day, I noticed the Private Library and was much impressed with the idea to establish a place for quiet study. The warm welcome I received will be a memory to cherish when I return to Germany. I wish the library continued success.』

（私の夫○○は、京都大学で2013～2014年冬学期の客員教授をしています。私たちはこの美しい街での滞在を愉しんでいますが、ある日17番のバスを待っているときに、この「私設圖書館」に気がつきました。そして静かな書斎をつくるというアイデアに感動しました。私が受けた温かい歓待は、ドイツに帰ったときに嬉しい思い出となることでしょう。この図書館が成功裏に続きますように。田中拙訳）

受付机から

こうして四十年以上受付机に座っていると、

「いまと昔で、お客様の感じも変わってきたでしょうね」

と、訊ねられることがある。私は、

「いいえ、少しも変わりませんよ」

と、答える。すくなくともここに来てくださるお客様に関しては、それが実感だからである。


私がお客様について抱く感情の第一番目は、みなさんよく勉強される、ということである。開館時間に合わせて入ってこられて閉館午前零時まで、その間に受付スタッフは三、四回交代するが、朝も昼も夜も、同じお客様が同じ席で机に向かっておられるのを眼にする。出入りは自由だから、机に本やノートを開けたまま、散歩に行ったり食事に出たりもされるが、ほぼ一日中座っておられる。私もSさんも、こんなに勉強はしたことがない。その後ろ姿に感動してしまう。試験が近づいてくると同じ方がほぼ毎日、頑張られる。特別な方ではなく、そんな勉強をされる方が何人もおられた。

昔もいまも、そういう姿をお見かけする。

次にある種の感動を与えてくれるのは、開いておられる本、机の上にさりげなく開いて置かれている書物のことである。

医学書だったり、ドイツ語の分厚い本であったり、古文書のコピーであったり、赤や青のマーカーが一面に引かれた受験参考書だったり。それらが私に感動を与えてくれる。もちろん難しい本を読んでおられる方が偉いと思うわけでもないし、机を見てまわっているわけでもないが、近くを通るとつい眼がいってしまう。そういうとき何故かほのかな喜びが湧いてくる。これも昔もいまも変わらない。

受付業務は一人ですることになっている。お客様も館内でお話ができないせいか一人で来られる方が多い。一人で来て、独り机に向って本を読んだり、学習されたりする。こちらも手がすくと本を開く。何人お客様がおられても、それぞれ一人ひとりである。しかし、時間が経過していくと、心に変化が起こってくるようである。

一人だけれど一人ではない。

そんな気持になってくる。これは体験しないとわからない不思議な感情である。これと同趣旨のことは、お客様もフリーノートに書いてくださっている。お客様同士、お客様とスタッフとの間で、意識下の交流のようなことが起こっているのかもしれない。

ランプ、これもふしぎな魔力があると私は思っている。

館内で机を照らすのは昼光色の蛍光灯である。二年前にLEDに取り替えたが色は同じで、四十ワットの白い光の棒が、頭上から無味乾燥な光を投げかけている。

だがこれとは別に、館内の壁面や要所要所に古風なランプを設置している。十五、六個あるが同じかたちのものはなく、個性のあるものを選んできたつもりである。高価なアンティークランプとはいかないが、古道具屋さんをのぞいたり、蚤の市で掘り出し物をさがしたり、余裕の範囲で選んできた。だから、ややちぐはぐな選択になっている。

それらが昔ながらの電球色の暖かい光を投げてくれている。ただ、派手な色や形は避けて、館内の雰囲気に溶け込むようなものばかりだから、ことさら眼を向ける人はすくない。

このランプがある種の魔法をかける。かかるのは私だけではないと思う。ぼうっと見ていると、古い時代へいざなってくれる。過去の懐かしい時代へ連れて行ってくれる。

これでいいのか「私設圖書館」

開館して数年たったころから、これでいいのだろうか、という気持がときどき起こるようになった。

毎日、お客様がたくさん来てくださって満席になることもたびたびである。それは有り難いことだが、お客様の多くは大学受験だったり、司法試験準備だったり、なんらかの受験勉強をされているようである。これではまるで受験産業の下請けではないか、と首をかしげてしまう、そんな思いが起こってきた。

もちろん受験勉強や授業や講義の補習をされる場を提供することは、当初のコンセプトにも掲げている。だが、第一番に挙げている目的（静かに本を読む場であること）が達成されていない。利用動機のメインが勉強となったため、読書そのものが阻害されているのではないか、こんな場所をつくりたかったのだろうか、との疑念が湧いてきた。

図書館をつくろうと思いついて最初にイメージした姿は、読書サークルの溜まり場のようなものだった。本好きが立ち寄って、しばらく本を読んだり、もの思いに耽ったり、他の人に迷惑がかからないときは、本の感想を話し合ったり、こちらも本を読みながら受付けをさせていただく……。だが現状は、かなり異なったものになってしまっている、これでいいのだろうか、と重苦しい感情におそわれた。

これはすぐには答えの出せない問題だった。なんどもこの疑念におそわれて、そのたびにいろいろなことを考えた。

○必要とする人がきてくれているのだから、これでよいのではないか。
○読書サークルの溜まり場は、理想に過ぎて実在させることは難しい。
○流行って、売り上げがあるから維持できる。
　生活費のことも考えなくてはならない。
○こんなにガリ勉ばかりする人たちが、社会に出て、なにかいいことをしてくれるのだろうか。
○出世してお金儲けして、弱い立場の人たちを苦しめるのではないか、そういう手助けをしているのではないか……などなど。

しかしある日、自分のことを考えてみた。自分も受験勉強をしなかったわけではない。むしろ受験勉強をしたときが、いちばんよく本を読み、社会や歴史を理解しようとし、自分や世界の将来を真剣に考えたのではなかったか。いま身につけているつもりでいる基本的な知識やものごとの考え方、親や友人や、そして他人に対しての接し方、共通認識、それらはほとんど受験勉強を通して、あるいはそういう勉強をしていた時期に習得したものではなかったか、と思い当たった。

机の上に載っている本が、いわゆる受験参考書や問題集であっても、かれらは素晴らしい勢いで成長しているのだ、と思えるようになった。

また別の日、「図書館の発見」という図書館の歴史や公共図書館のあり方について書かれた本を開いてみた。これは図書館という仕事にたずさわる多くの人に読まれている本のようであった。そのなかに、次のようなことが書かれていた。

『――事実、現代の図書館の閲覧室をうずめているのは受験勉強をしている浪人と高校生である。この人たちは図書館の本を読みにくるのではなく、机、椅子、冷暖房、それに受験競争の雰囲気を求めてくる。資料提供という図書館の本質とは無縁な部分を利用しているのである。このような図書館利用によってかもし出される勉強室の雰囲気は、他のおおぜいの人々の足を図書館から遠ざけ、ますます図書館を受験勉強館へと向わせているのが現実である。そうしてこのような現象は、図書館の本質を見誤らせ、机と椅子が図書館であるかのような錯覚を一般化してしまう』（石井敦　前川恒雄著　ＮＨＫブックス）

これを読んだとき、この著者はどうしてこんなに受験勉強をする人たちを毛嫌いするのだろうと反撥心が起こってきた。これは少しヒドイのではないか、こんな考えで公共図書館が受験生を追い出すのなら、微力ながらわが「私設圖書館」に来ていただこうと、思うようになった。

※現在、「私設圖書館」の雰囲気も、少しずつ変わってきている。少子化や、いろいろな試験制度が変わった影響なのだろう、受験生は少なくなり、一般の大学生や女性、子供さんからお年寄りまで、気軽に立ち寄って下さる方が多くなった。当初のイメージに近づいてきている。

私設圖書館ご利用の手引き

☆どなたでもご利用いただけます。小～大学生、資格試験受験の社会人、散歩途中の一般の方も。
☆途中入退出、自由。（貴重品以外のお荷物をお席に置いて退出してください）
☆深夜12時まで、日祝日も開館。
☆お菓子・飲物・お弁当・カップ麺など、お持ち込み頂けます。
☆雑誌・マンガコーナーでおくつろぎいただけます。
☆粗茶ですが、冷たい（熱い）お茶でおもてなしいたします。（1F休憩室でお代わりもご自由に）
☆コーヒー・紅茶もお愉しみください。（添付の無料券or￥120）
☆ノートパソコン持込み頂けます。全席（1F・2Fとも）に電源設置
☆無線LAN付パソコン・スマートフォンは、インターネットに接続可。（Wi-Fi）
☆空気清浄機（PM2.5対応）常時稼働

<table>
<tr><th colspan="3">ご入館料金表（20.18.8月時点）</th></tr>
<tr><td colspan="2">平日・土・日・祭日ともに</td><td rowspan="7">＜日・祭日のご予約について＞
日曜・祭日に限り、座席を指定してご予約頂けます。ご希望の方は、前日までに予約券をお買い求めください。（日曜の予約券は原則として前週の日曜より発売。祭日や連休は前々週の日曜より発売する場合もあります）
昼間券　午前9時～午後5時
￥550（または回数券6p分）
夜間券　午後5時～午前0時
￥550（または回数券6p分）
昼夜券　午前9時～午前0時
￥750（または回数券8p分）
☆どの予約券にもコーヒー券が1枚付きます。
☆お席を指定していただけます。
☆ご予約なしでも、左記料金でご入館いただけます</td></tr>
<tr><td>2時間以内</td><td>￥250（または回数券3P分）</td></tr>
<tr><td>3時間
4時間以内</td><td>￥350（または回数券4P分）</td></tr>
<tr><td>5時間
6時間以内</td><td>￥450（または回数券5P分）</td></tr>
<tr><td>7時間
8時間以内</td><td>￥550（または回数券6P分）</td></tr>
<tr><td>8時間超</td><td>￥650（または回数券7P分）</td></tr>
<tr><td colspan="2">☆ご入館のすべてのお客様にコーヒー券1枚を差し上げております。（ご入館カードに添付）お好きな時に、お気軽にお申し付けください。
☆コーヒー券を本日お使いにならない場合は、切り取って次回お使いください。</td></tr>
<tr><td colspan="3">☆回数券は、45P分￥3600（コーヒー券1枚付き）リピートのお客様は、ぜひご利用ください
☆コーヒー券は紅茶にもご利用いただけます。</td></tr>
</table>

新聞、雑誌、テレビのこと

「私設圖書館」を運営していくうえで、新聞や雑誌、テレビなどには大変お世話になったと思っている。よくお客様から、「初めて入るときには、かなり勇気がいった」というお声が聞こえてくる。こういう場所だから、通りがかりに当館の案内掲示やチラシを読んで、ドアを押して覗かれる方は少なくないが、席について利用して下さる方は多くない。新聞などの情報や友人からの口コミがあると、ためらいもなく入ってきて席についていてくださる。

開館して最初に「私設圖書館」を記事として取り上げていただいたのは、京都新聞夕刊「耳コミ口コミ」という小さな欄で、昭和四十八年（一九七三）五月十五日、開館八日目のことである。

『〝私設図書館〟が左京区・銀閣寺市電停留所南西かどにオープンした。図書館や資料館の図書室はほとんど夕方に閉まってしまうため、喫茶店などで勉強したり、本を読んだりする学生が意外に多い。こういう人たちに利用してもらおうと、（中略）田中厚生君（二五）夫妻が、民家を改造して開いた。（中略）静かな雰囲気がミソで、入館三時間以内百円、それ以後一時間につき三十円。ただし、いまのところ蔵書は皆無』

五日後の五月二十日には、朝日新聞の「若者のページ」という欄に、

『〈本のない図書館〉京都の銀閣寺市電停留所南西角に「私設図書館」がオープンした。ただし、蔵書はゼロ』

蔵書はゼロではなかった。本棚三つぶんくらいの本は並んでいたし、辞書もあった。ただ記者たちの目には、公共図書館のイメージが頭にあって「本のない図書館」と見えたのだろう。

また、ある新聞が、

『ウケています「私設図書館」、「静か」が商売に、大学生ら常連ふえる』

というタイトルで、かなり大きな記事を載せてくださった。

これを読んだとき、私もSさんも、取り上げてもらったことは有り難いと思ったが、苦い後味ものこった。記者の方には、かなり丁寧に、こちらの趣旨や意図を説明したつもりだったのに、じゅうぶんには伝わっていなかったらしい。『「静か」が商売に、』という表現に、私もSさんもショックを受けた。商売という言葉に偏見はないが、お金もうけでやっているつもりはないし、「商売」と呼んでいただけるだけの売り上げ

も利益も出ていない。いま少し配慮した表現にしていただきたかったと思ったのだった。

だが、記事の文言とこちらの期待との齟齬というか、こういう失望は、このあとも、ときどきは起こった。しかしそれも、いつの頃からか、「読者も忙しいから、こまかい表現など気にされないだろう」と思うようになり、ささやかな試みである「私設圖書館」を、わざわざ取り上げてくださったことに感謝する、その気持だけに変わっていった。

※このほかたくさんの記事やテレビ番組で取り上げていただいたが、それらは巻末に掲げて感謝の気持とさせていただきます。

第四章

「私設圖書館」の仕事

昭和五十五年（一九八〇）、創館から七年。Sさんには悲しい出来事だったが、お祖母さんが亡くなった。家主から建物一棟を直接借りることになり、二階にも客席を作った。創館時の十六席から二十六席になり、これで四十二席になった。

席数が増えたぶん、私たちの仕事も増えた。

お客様が二階の席を希望されると、お茶と時間を書いた「ご来館カード」を二階まで持っていく。帰られるときは、お支払い頂いたあと、お茶碗を下げたり机を布巾で拭いたり後片付けをするが、二階席のときは当然二階まで階段を登り降りすることになる。お客様階段と別に、スタッフ用階段を付けてもらったが、二階が低くなったわけではない。

一階の客席を増やした頃から、一日のうち数時間をアルバイトの人に手伝ってもらうようになっていたが、二階席まで増席したとき、助けてもらう時間も多くした。しかし、私やSさんの仕事は受付業務だけではない。準備や裏方の仕事がたくさんあった。

毎朝、開館時間前に掃除やお茶の準備をするのは通常の業務だが、器具類の点検・整備も必要となる。小さな木造二階建だが、換気扇が九ヶ所もある。トイレや一、二階客室にあるのは当然だが、横壁の見えない所にも空気の淀みを避けるための小さなパイプファンが付いていて、それらもときどき掃除しなくてはならない。また空気取り入れ口にも換気扇があって、お客様が多いときには逆回転させて外気を吸い込めるようになっている。これは全館禁煙にしてからは、使わなくなった。空気の汚れに敏感なお客様が多いから、おのずと換気扇も増設していった。そのほかエアコンのフィルターや加湿器、空気清浄器、蚊取り器などの掃除・点検も。

蛍光灯のチカチカや機械の故障、調子不良も、突発的に発生する。その対応も必要になる。エアコンも昔はときどき故障した。蛍光灯は新しい管でも微細に点滅して、集中力を大事にするお客様より苦情がくる。使用する布巾やタオルの洗濯、ご来館カードの印刷やカットも自宅での作業となる。洗濯とカットはSさんがやってくれるが、印刷は私がパソコンのプリンターでA3用紙に印刷する。印刷屋さんに頼めば簡単だが、そんな費用は出てこない。

補修工事も点検・清掃も業務用品の準備も、専門家に依頼しなくてはできないこと以外は、すべて自分たちでやるのが原則だから、することはいくらでもあった。ちょっとした故障くらいで専門業者を呼ぶようでは経営が成り立たないことは、初めから判っていた。おかげでホームセンターの常連になって、大工工事も左官も電気、水道も、便利屋さんていどの技術力を身につけた。

これらに加えて、毎春の最も暇な時期に一週間ほど休館して、全館の掃除と整備をする。「私設圖書館」では机や壁にペンキ仕上げの部分が多い。机は当初、着色ニス仕上げだったが、何年かしたころ、深い緑色に塗り変えた。その塗装が、一年間お客様が使用することで、あちこち剥げてくる。部分補修もするが、机全面、塗りなおすことも多い。ペンキで二度塗りして、透明樹脂で仕上げる。樹脂塗装だけで済む年もあるが、三年に一度はペンキ塗りも必要である。壁も、白ペンキで全面塗りなおす。これらもペンキ屋さんに頼まず、Sさんと二人でやる。

ある年、椅子のマットがへしゃげて、カバーのビニールレザーもところどころ破れてきた。椅子を買い替えたり修理を依頼するお金は、どこからも出てこない。ウレタンフォームと呼ばれるスポンジとビニールレザーを買ってきて、一脚一脚張り替えることにした。それも閉館後の夜中に――。

①椅子を裏返してマットの固定ネジを取り外す。

②マットを裏返すと、古いビニールレザーがホッチキスの針のようなもので張り付けられている。これをマイナスドライバーで外す。
③古いビニールレザーを廃棄して、その下にある古いウレタンフォームの上から、馬蹄形に切った新しいウレタンフォームをあてがう。
④さらにその上に、大きめの馬蹄形に切った新しいビニールレザーを当てて、これで全体を包むようにして裏返す。
⑤新しいビニールレザーを押さえながら、タッカーと呼ばれる機械（頑丈なホッチキスのようなもので、ホームセンターで数百円から売っている）で周囲に針を打ち込んでいく。
⑥新しくなったマットを、椅子にネジ止めする

作業は難しいかと思ったが、やってみると比較的簡単だとわかった。しかし一日に二脚が限度で、三ヶ月くらいかけて、四十二脚ぜんぶを張り替えた。最後には、もう二度とできないだろうと思いながらも、妙な満足感もおぼえた。

これ以外にも春の休館時にはいろいろなことをやった。

エアコンの室外機は北側、今出川通りに面した一階の屋根に設置してもらっている。一階用と二階用の大きな機械が二つ、瓦屋根にでんと乗っていて、まことに見苦しい、と私は以前から思っていた。しかし、二階の大屋根につけると工事も大変だし、配管も長くなって能力も落ちるということで、一階のその場所にしてもらったのだが、これをなんとか隠したいと思った。それでホームセンターで木材を買ってきて、格子《こうし》の柵のようなものを作って焦げ茶色に塗って、Sさんと二人で一階の屋根に持ち上げた。これもかなり大掛かりな工事だった。

別の年には、表通りの看板を新しくして「私設圖書館」の雰囲気に合ったものに取り替えたいとSさんが言い出した。それまでは「私設圖書館」の朱色の文字がうかぶ行灯《あんどん》型の電飾看板を夜間に点灯していた。これはこれで効果はあったのだが、蛍光灯で浮き上がるプラスチックの文字は、好きにはなれないと二人とも思っていた。それで五十センチ四方くらいの板を買ってきて、Sさんが、案内葉書にも使っているアラビアのお姫様の図柄を絵の具で書くことになった。そして裏側には、これもSさんのお気に入りの黒豹の絵を描いて、金具で取り付けた。取り付けるのは一日だったが、絵を描くのにSさんは数ヶ月を費やした。

それからまた別の年には、東側の壁面に花台を取り付けて、いくつかの植木鉢を置いた。おかげで水やりの仕事が増えた。

また別の年には、やはり東側の壁面に、英語と日本語の看板を掲げた。これは屋外に出ていた電線の目隠しにもなっている。こうして見ると、かつてお茶屋さんの主人に「趣味でんな」と言われたのを、まるまる否定はできないな、と思っている。

本の寄贈と貸し出し

案内葉書やチラシに「ご不要の図書のご寄贈を、お願い致します」と書いてある。おかげで、たくさんの本を寄贈していただいた。寄贈いただいた日時や、お名前、冊数などを記録したノートも何冊目かになった。

二重の紙袋にぎっしり本を詰めてお持ちいただいて、お名前も告げずに帰られる方や、ダンボール箱が二箱、三箱と届いて、開けると重い本が詰まっている、送料も大変だっただろう、と申し訳なく思うこともしばしばだった。

寄贈本が届いて荷物を開けるのは最高の愉しみで、どんな本をいただいたのだろう、とわくわくしながら封を切る。

多感な時期に読まれたにちがいない小説やベストセラー、ラブストーリー、スポーツや趣味の解説書、大学で買わされたと推測される講座担当先生ご執筆の教科書など、卒業前に荷物の整理をされたのだろうな、と想像できる。また古い歴史の本や、古色蒼然とした特装版のシェイクスピア全集、大正期の大衆小説などが入っていることもあって、誰かが大事にされていたものを次の代になって置き場に困られたのだろうか、そんな想像をしながら、その場で一節を読んでみたりする。


またご連絡をいただいて、もらいに伺ったことも何度もある。

下京区の年配の女性のお宅にお伺いしたときは、部屋いっぱいに本棚が並べられていて、どれでも好きなだけもっていってくださいと言われたこともあった。斎藤茂吉の三十冊を越える全集や、美術全集、文学全集がきれいに欠本なしで並べられていて、どれも欲しいと思ったが、そういう訳にもいかず斎藤茂吉全集と美術全集をもらってきた。お話をうかがっていると、こんな言葉が返ってきた。

「本は、読める時期というものがあって、あとで、年を取ってから読もうと思っても、読めないものですよ」

そのころ私はまだ二十代で、そんなことはないだろうと思ったが、いま、その女性の年齢に近づいて、言葉の真実を噛みしめている。

いただいた茂吉全集は、スペースを取りすぎるので、いつか本棚を拡張したら並べさせていただこう、と自宅で保管しているが、いまだに「私設圖書館」に置く場所を見つけられず、自宅で読ませていただきたいと思いながらも、まだ手に取る機会がない。おそらく私も、「読める時期」を失してしまったのだろう。

伏見区の五百羅漢で有名な石峰寺近くにお住まいだった歌人の方から丁寧なお手紙をいただいて、お宅を訪ねたこともあった。その方は北原白秋の孫弟子にあたるとかで、女子大学で国文学の先生をされていたが、そのころすでにかなりのご高齢で、歌をつくったり、教え子が訪ねてくれたりの毎日ですと話されて、お茶を点ててくださった。私の訪問を心から歓迎して下さって、ご自身の歌集や国文学の研究書をいただいて帰ってきた。

また数年前のこと、東京の方から、中央公論社から出た「世界の名著」のほぼ全冊を寄贈してもよいというお手紙をいただいた。

その方は大変几帳面な方らしく、全八十冊あまりの書名リストをワープロで一覧表にして添付して下さっていて、見ると、仏教経典、ギリシャ哲学、中国諸子百家、キリスト教聖書などをはじめ現代哲学にいたるまで、なるほど世界の名著が網羅されていて、解説の執筆者も著名な学者が並んでいる。私が大学生だった昭和四十一年から五十年ころにかけて順次刊行されたもので、装丁はありふれた文学全集のように地味で質素だが、哲学書や文学書を読み、教養を身につけることが大学生のステータスだった時代ならではの贅沢な全集で、以後こんなに網羅的で充実したシリーズは発行されていないようである。

このお手紙をいただいたとき、もちろん欲しいとは思ったが、これほどの部数の全集は置けないだろうと思った。いや、置けないことはないのだが、置いてしまうと、本棚三段分くらいが今の若い人があまり手に取らない本で埋まってしまう。かと言って私が預かると、茂吉全集の二の舞になる。このことを「私設圖書館」のスタッフに相談すると、「欲しい」、あるいは「無期限貸し出しで借りたい」という返事が返ってきた。

そのころのスタッフの中には、ドイツやイタリア文学専門の人やヨーロッパと日本の文化比較などを研究している人がいて、本を有効に利用してくれそうだった。それでお手紙の方に、この実情を説明して相談すると、「読みたい、欲しい、という人がいるのなら、その人の役に立てばいいのだから」と、お許しをいただいた。

そのとき本をもらった一人が、お返しに自著を寄贈してくれる、そんなことが最近あった。「私設圖書館」で長くスタッフをしてくださったあと大学の研究職に就かれたのだが、ご自分が執筆されたイタリアの文学者についての研究書を寄贈してくださった。大学の出版部から出版された大部の書物で、著者として懐かしい名前が印刷されている。

ページを繰っていくと最後に、『本書執筆のかなりの時間を過ごした京都白川今出川の「私設圖書館」にて』と書き添えてあった。お気持ちがうれしく、書棚に置く前にスタッフで回し読みしている。

少ない蔵書でも本を借りたいという人は、ときどきはおられる。本の館外貸し出しについても、私設ならではのルールを設けさせていただいている。

貸出ノートに書名とお名前、住所や電話番号など書いてもらうのだが、本が返ってこない場合、「返してください（督促）」が事実上できていない。返してくださらない方に葉書を送ったり電話をお掛けしたりすることは可能だが、ためらいも起こる。不快がられるだろうし、葉書や電話で返ってくる保証もない。それでそのままになってしまうことが多い。

借りる人の良識に任せていると言えば聞こえはいいが、せっかく寄贈された本をおろそかに扱っているとの批判もあるだろう。寄贈したいとの電話やお手紙には、貴重な本や難しい研究書などはお受けできません、とあらかじめお断りしていることで、ご容赦いただきたいと思っている。さらに言うと、貸し出して返ってこない本より、寄贈していただく本の数がはるかに多い。その結果、本は増え続け、自宅で預かって、ときどき入れ替えさせていただいている。

禁煙時代到来

当初、館内での喫煙は許されていた。というより喫茶店、集会所、駅の待合室、映画館、大学の教室――かつてはどこでも煙草を吸うことができた。いたるところに灰皿が置いてあり、室内が煙でもうもうとしていても、だれも文句を言わなかった。

外国の映画や小説で、紳士が居合わせたご婦人方に喫煙の許しを乞うなどというのは、紳士らしい儀礼的挨拶だと思っていた。当然「私設圖書館」でも各机に灰皿が置いてあり、ときどき取り替えるのは仕事の一部となっていた。

それが十数年前のことだろうか、ホームページの書き込み欄にたくさんの方から、禁煙にして欲しい、という声が寄せられるようになった。その書き方はだんだん厳しさを増し、要望などという生やさしいものではなくなっていった。「当然、禁煙にすべきだ、社会悪を見逃さないゾ」という感じのものに変わっていった。

私自身は学生時代のごく短い期間、煙草を吸っていた経験があるが、吸わなくなって何十年も経っていて禁煙に賛成派なのだが、お客様のことがあった。まだ半数くらいの方が吸っておられたようで、そういう方の不便を考えないわけにはいかない。もちろん喫煙室を別に設けるのがベストだが、そんなスペースはどこにも取れない。二階禁煙、一階喫煙可、あるいはその逆、ということも考えたが、満席になる日のことを考えると混乱は避けられないと思われた。それで取りあえず一、二階とも客席では禁煙、二階への通路や休憩室では可能、ということにして机の灰皿は片付けた。

しかし、これでことは収まらなかった。ホームページに書き込みが続いた。

『最近、「私設圖書館」を利用し始めたものです。ただひとつ、強い要望があります。タバコの煙のことです。禁煙にしていただくことはできないでしょうか？（中略）残念ながら一階通路だけでなく、一階全体にタバコの煙が充満しているように思われます』

『通路を通る方はまちがいなく発癌性物質を肺の中に取り込みます。時勢は禁煙の方向に向っていると思います。煙草なしでの思索を……』

『あの狭い館内でどうして喫煙スペースが必要になるのか、首をかしげます。外で吸うわけにはいかないのでしょうか』

それである日、「全館禁煙にさせていただきます」という掲示を貼りだした。その結果、何年間も来てくださっていたお客様を失うことになったが、仕方のないことだろうと思っている。

いまは煙草を吸われる方も来ていただいているようだが、散歩などに館外へ出られたときに携帯灰皿で吸ってられるのを見かけたりする。

入館料のこと

「図書館なのに、お金を取りよる！」

ある日、こんな叫び声がドアの外で聞こえた。続いて、

「勉強して金とられるなんて」という声も聞こえた。

騒音が入らないように厚いガラスや防音ドアを使っているが、警笛や救急車の警報音は止められない。またドアのすぐ外で叫ぶ声も。

声の主は修学旅行中の高校生のグループらしい。バスを待っていて案内看板の入館料の文字が眼にとまったようである。

ごもっとも、という気持も起こり、胸にこたえた。反論や説明はできるし、世の中を見てきた大人なら、有料の図書館があっても驚くほどのことではないと、理解してくださるだろう。しかし、修学旅行中の高校生には奇異に思えたらしい。後のひとことを言った少年の頭には、図書館で勉強するのならご褒美がもらえなくては、といった考えがあったのかもしれない。

有料であることで申し訳なく思うことは、ときどき起こった。

フリーノートに、

『中学生にしては、お金高いと思う。もう少し安くして、そしたら来やすいなァ』


という書き込みがあった。それでこんな返事を書き込んだ。

「もしあなたがここで真面目に勉強されているのなら、お母さんに教育費として相談してみてください。マンガばかり読んでいるのなら、お小遣いの範囲でいらして下さい」


またある日、高校生の息子さんを迎えに来た母親が、帰り支度ができるまで待つあいだに、

「自宅にいい部屋があって、クーラーも何もかもそろえてあるのに、何でこんなところへ来たがるのでしょう」

と、いかにも不審そうに、というより歯痒くてならない気持を押し殺したかのように、話しかけてきた。私は、「ここには、ご自宅にはない読書にも勉学にも不思議なくら

い集中できる魔法の空間があるのですよ」と、言いたくなったが何も言わず微笑んでいた。

ちなみに、図書館については「図書館法」という法律があって、そのなかには以下の条文がある。

第十七条
公立図書館は、入館料その他図書館資料の利用に対するいかなる対価をも徴収してはならない。(平成十八年(二〇〇六)、京都市は「マンガ図書館」とせず「マンガミュージアム」と命名した有料施設を作った)

第二十八条
私立図書館は、入館料その他図書館資料の利用に対する対価を徴収することができる。

第二十九条
図書館と同種の施設は、何人もこれを設置することができる。

私設圖書館
ご案内

スタッフのこと

「私設圖書館」ではスタッフ全員が、責任者であり館長である。なにしろ担当時間についてはー人ですべての業務をやってもらう。だから信頼のおける人にお任せしているつもりである。新しくスタッフとして手伝っていただく方には、仕事内容を説明する以外に、お客様への接し方について書いた文章を読んでもらっている。

――お客様とスタッフ（私どもも含めて）の関係も、普通のお店とはやや異なったものでもいいと私は理解しております。こちらからは心からのおもてなしをするが、お客様のほうも容認できることは容認していただくという感じです。受付机に座って、手のすいたときや、暇なときは本を読んだり、ノートを開いたりといったこともさせてもらう、これもお客様もスタッフも一緒になって雰囲気をつくり、この場をささえている、そういう気持で許されることではないかと思っているからです――。

つまり受付スタッフは、業務に支障が無い限り、自らも読書や勉強をしてもさしつかえないということである。

そもそも四十五年前、私が私設図書館という、それまでにない仕事を思いつくその背景のひとつに「受付けしながら、本が読めれば……」という気持ちがあった。自分に認めることをスタッフに禁止、とは言えない。さらに、こんなことも書いている。

——こういうふうな場所ですから、お客様との接し方についても、決まったやり方というようなものはなく、ひとことで言えば「心ある対応」というものであればいいと思っております。このところ特にそうですが、小さなお子さんからお年寄りまでさまざまな方が来てくださいます。こちらの趣旨をよく理解して静かに読書や勉学に励まれる方もあれば、気晴らしにマンガを読む場所と心得られている方もおられるようです。服装も、おしゃれなファッションに身を包んだ若い女性も、労働着の人も。また、いろいろな理由で学校へは行けないのにここへは勇気をだして来てくださっている方、ことさら理由をつけてスタッフに話しかけてきたり、女性スタッフにお菓子を下さる方などさまざまですが、どの方も歓迎されるべきだと思います——。

——原則は、「お隣とお喋りする人」（こういう方には穏やかに注意して静かにしてもらうことにしています）、「みだりに他のお客様に声を掛けたり苦情を言う人」、「暴れたり、付きまとったりお客様やスタッフに危害が及びそうな人」以外は、分け隔てなくお迎えすべきだと思っております。スタッフが自分の好みで、お客様を特別扱いしたり、ぞんざいにしたり、というようなことは厳に止めていただきたいと思います。

（中略）

スタッフそれぞれがある程度自分流のやり方で、お客様に良かれと思うようにやっていただきたい。以前からも申しておりますように「判断に迷ったときは、特別な支障がないかぎり『お客様の喜ばれるように』という原則で」ということでお願いいたします——。

スタッフには地元の方もいるが、全国から何らかの理由で京都に来られ、何かのご縁で「私設圖書館」という場を共有し、また去っていかれる。卒業して就職される人、家の事情で実家へ帰られる人、本来の勉強が忙しくなって辞められる方など。

スタッフとして入っていただく人とは最初に、ちかくの喫茶店で、いろいろお話することにしている。大学生には研究テーマのことなど。彼らは熱心に自分の勉強して

REST

いることを話してくれる。理系の人も文系の人もいる。ドイツ文学やイタリア文学、遺伝子研究に進みたいと思っている人、キリスト教の牧師になりたいと神学科に入った学生さんもいた。ドイツ文学専攻の人に「専門に研究している文学者はおられるのですか」とたずねると、聞いたこともない難しい名前が返ってきた。私などドイツ文学と聞いても、ゲーテかトーマス・マンくらいしか思い浮かばないと言うと、さもあらん、とばかり得意げな笑みが返ってくる。それでも、「魔の山」は最後まで読みましたよ、というと、すごい、と褒めてくれた。昔は新しい文学全集が発刊されると、「魔の山」は最初か、二、三回目に配本される人気の本だった。今は大学生でも名前も知らないという人もいるとか。

さて、そういう面談をSさんと一緒にこれまで何十回したことだろう。スタッフの在職期間は長く、三年、四年、それ以上の方も少なくない。卒業のときには後輩か友達を紹介してくれることが多いので、ほとんどスタッフ募集の貼紙を出したことがない。それでも四十五年やっていると、何十人もの人と何十回もお話ししたことになる。

その話の中で、「お父さんは何年生まれですか」、と聞くことがある。返ってくる答えは、自分より前の年代ということが何十年か続いた。そしていつの頃からか、「私と同世代ですね」と私が返すようになった。このごろは、「若いなあ」と思うことが多い。口には出さないが、時間の流れの早さに驚かされる。

去っていった人からは、後日、手紙をもらうことも多い。

『正月に九州から実家の浜松に帰省した帰りに、急に京都に寄ることになりましたので、連絡も差し上げず、お土産もなく立ち寄らせていただきました。私設圖書館は、以前と同じ落ち着いた空間でした。そこにしかない空気があり、守ってらっしゃるお二人に感謝します。今でも数多くの若者（このような表現をする年齢になりました）が、それぞれの夢に向けて努力していることを想像すると、当時の自分を思い出し、胸が熱くなります。（中略）所長といっても、弁護士一人の小さな事務所ですが、島の方から信頼されていることを実感でき、やりがいがあります』

この方は、「私設圖書館」でアルバイトしながら司法試験に合格された方で、長崎県壱岐からお手紙をいただいた。

『このたび、四月一日付をもって○○県職員として採用され、福祉相談センターに配属となりました。(中略)二ヶ月が経とうとしてますが、まだまた周りについていくことで精一杯です。(何とかやっております……)』

この女性は東京の大学を出られたのち京都にこられて、二年ほどスタッフとして働いていただいたが、実家のある東北地方で就職された。

『お元気ですか。長い間、私設圖書館でお世話になりました○○です。今年は本当にいろいろとありましたが、来年素敵なことであふれる年となりますようシンガポールから祈っています。わたしのクラスの学生は本当に日本のことを好いてくれて、学生に教えられることが多く、いつも助けられています。よく学生と京都の話になるのですが、いつも圖書館のことを話しています。「日本へ行ったときはぜひ寄ってみて」と』

この女性は、シンガポールで日本語教師をされているとクリスマス・カードでお便りをいただいた。

『この手紙を渡すのが最後のバイトだと思うと、今から淋しさでいっぱいになってしまいます。思い起こせば去年の春頃に私設圖書館を知り、一目でここで働けたら、どんなに素敵だろうと胸がいっぱいになったのを覚えています。ここに入ってからも、スタッフの皆に出会い、他の場所にはない、どこか〝帰る場所〟のような感じで、いつもここに来ていました。私の色々な部分をせんさいに温かく理解して下さり、こんな自分勝手な私を一度も叱らず、〝わかるよ〟と否定なしに全て受け止めて下さったSさんの優しさ、これからも絶対に忘れません。（中略）ここで働いた経験が、私の大学生活の大きな一部、人生で特別な思い出になりました。今までと同じように、これからも、また色々あると思いますが、いつまでもこの場所が私にとって、京都の一番の居場所です。本当に一年と少しの間でしたが、心からの優しさを有難うございました！』

この女性は、さまざまな心の悩みをSさんに打ち明けていたようだった。

それからまた、別の女性は、スタッフにと申し込まれた後お手紙をいただいた。

『お葉書ありがとうございました。スタッフ申し込みの件ですが、やはりお願いするのはやめようと思っています。(採用されてもいないのに生意気言ってすみません)その理由を心境の変化そして決意とともに記したいと思いますので、一人間の戯言かもしれませんが、読んでいただければ幸いです』

このあと手紙には高校時代からの出来事や人生観が連綿と綴られていて、

『田中さん(Sさんのこと)の「ここはお客さんに場所を提供するとともに、人生の転機とか、そういう大切な時期を迎えている人を励ます場所なんです」という言葉がぴったり私の中で一致しました。数こそ少なくあれ、いつの時代にも信念をもって生きている人がいるということに心が温まりました』

とあり、

『大きな目標が定まった今、それに向かって全力でやりたいと思います。というわけで当分お客側になりそうです。どこまでできるか分かりませんが、時に弱音を吐いているかもしれませんが、そんな時は私設圖書館で元気をもらいたいと思います』

お客様もスタッフも、それぞれ重要な時期を迎えておられる方が不思議と多い。こちらとしては特別なことはなにもできないが、暖かく心からの誠意で対応させていただくしかないと思っている。たしかに「癒しの場」「励ましの場」になっているのかなと感じることも多い。

Sさんは子供のころに読んだ、グリム童話の「手なしむすめ」の話をときどきする。長い物語だが、主人公は手首を切り落とされるという残酷な経験をへて、

『お妃さまは、とあるうっそうとした大きな森のなかにはいりました。そこで、お妃さまは地面にひざまずいて、神さまにおいのりをしました。すると、神さまの天使が

あらわれて、お妃さまをある小さな家へつれていってくれました。みれば、その家には、「ここには、だれでもただで住めます」と、書いた小さな看板がかかっています。

そのとき家のなかから、雪のように白いおとめがでてきて、

「よくいらっしゃいました、お妃さま」

と、いって、お妃さまを家のなかへ案内しました。(中略)

こうして、お妃さまはこの家に七年のあいだいて、手あつい世話をうけました。そして、信心ぶかいおかげで、神さまのおめぐみによって、切りとられたお妃さまの手首が、もういちど、もとのようにはえたのです』(矢崎源九郎　訳)

「私設圖書館」も「だれでもただで住める家」のようなものかもしれない、とSさんは言う。そして、本当にただにできたらよかったのに、とも。

第五章

「私設圖書館」存続の危機

平成元年（一九八九）一月、私の父が亡くなった。父は京都大学で長年、物理学の教授をつとめ、定年後私立大学でも教職に就いたが、その後は自宅で晩酌を楽しみとして暮らしていた。結晶物理学が専門で、電子顕微鏡の開発などにも力を尽くしたようだが、業績については詳しくは知らない。

父は、明治、大正、昭和、平成と四つの時代を生きた人だから、四人兄弟の末の私とは、年齢差も考え方の相違もかなりあった。だが親子喧嘩はしたことがない。父と性格の似た兄が、いつも父と言い争っていて、私にはもはや言い争う空間も与えられない、そんな雰囲気の中で育ってきた。表向き逆らわない私に、父は理系の研究者になってほしいと期待していたようだった。

大学を出ても就職しない私に、父が言ったことで心に残っているのは、

「お前は、わたしが大学からいくら給料をもらっているか、おおよそは知っているだろう。それも数年のことで、あとは年金で暮らすことになる。困ったことが起こっても、できる間は助けられるが、できなくなったら、自分でなんとかするしかない。そういう道を選んだのだから仕方がない」という言葉。

父なりに心配していてくれているのだなと思った。生き方や考えは受け入れられなくとも、親としての愛情は示してくれたのだと思っている。それに甘えるつもりはな

かったが、ときどきは迷惑をかけた。

そんなとき母は、「ふつうに生きていたら、こんなことで頭を下げにこなくてもいいのに」と不甲斐なさそうになじった。母も、母親としての愛情は深かったが、私のやることは理解の範囲を超えていると思っていたようだ。


私は、父が亡くなっても何も変わらないだろうと思っていた。しかし自分にも、ちかしい身内にも微妙な心の変化があったようで、それがだんだん大きくなっていった。まず姉が「いつまでもお金にならないことばかりしていて、この先どうするの」と母の気持を代弁して言い出した。Sさんは、子供の将来を思いやって「このままでいいの？」と心配した。このとき私は四十一歳、子供は一人で十一歳になっていた。「私設圖書館」は開館十六年目で、相変わらずたくさんのお客様に来ていただいて盛況が続いていた。しかし、経費を差し引くと、二人ぶんの生活費がやっとで、成長していく子供の将来の備えなど、どこからも出てこなかった。将来どころか塾の月謝をどうしようと頭を悩ませていた。まだ小学六年生だったが、まわりを見回すと塾に通わせているという。早いとは思ったが必要かもしれない、とも思った。

特別の教育方針などなく、子供は普通に育てたいと思っていた。親が変わった生き方をしたからといって、子供がそのあおりを受けるのはどうか。そのころ、ヒッピーの両親に育った子供がテレビを一度も見ずに大きくなった、という話が海外で取り上げられ、賛否が分かれて議論になっていた。親がヒッピーでも子供までヒッピーにさせられるのは可哀想だと、その話を聞いて感じた。それでまわりの子供が塾へ行くのなら、行かせてやりたいと思った。

子供のことでお金がいる。「私設圖書館」も毎日はやりくりできても、エアコンの取り替えや床マットの貼り替えなど、大きな出費が控えていた。先送り、先送りできたことが先送りできないところまできていた。

三つの方法

可能な方法は三つあると思われた。

一つは、なんとか工夫して売り上げを伸ばすこと。たとえば「私設圖書館」のシステムはそのままで喫茶店のようなメニューを加えて売り上げアップをはかるなど。しかし、この方法は選択したくなかった。いく通りもの具体策を思い浮かべ、検討したが、気持は進まなかった。客席を広く、台所（調理場）は狭くとってあるから、そんな窮屈なところでは何も作れない。無理にメニューを増やしても、お客様には素人っぽく、じじむさく、もっと言うなら浅ましくさえ映ることだろう。なにより図書館というイメージからもずれてしまう。それがいちばんつらい、情けないことだった。「私設圖書館」は、自分なりの理想と誇りを持ってはじめた仕事、夢の実現であった。それを変質させたくない。余計なサービスを足したり引いたりすると、館内の雰囲気も変わってしまう。それくらいなら、思い切って閉館したほうがいい。閉館して、別の業種のお店か事務所にしてしまう。それが二つ目の方法。

お金儲けがしたかったのなら、はじめから調理師学校へ行ってレストランを開くなり、観光客むけに趣味の工芸品店を開店するなりしていただろう。それはしなかったが、今から始めたとしても、まだ四十一歳、不可能ではなかった。

それまで「私設圖書館」を経済的観点から見たことはなかったが、そんな眼も必要に思われた。視点を変えると、「私設圖書館」が続いてきたのが不思議にさえ見えてくる。微妙なバランスの上に成り立っている。

ふつう新しくお店ができると、いわゆる「もうかるお店」は、みるみる支店を増やして大きくなっていく。「もうからないお店」は数ヶ月で消滅する。だが「私設圖書館」

はこのどちらでもない。借りている建物や土地を買い取ることもできず、分館を出すこともできない。それでいて十六年間、つぶれず、増えることもなく、もうかることもなく、続いている。

また「私設圖書館」の場所が、大学にちかく、周囲に学生アパートや単身者マンションなどが多く、そこに住む若者たちがお客様になってくれたり、スタッフとしてボランティア的に協力してくれたり、そのバランスの上に成り立っていた。そういう場所は多くない。だが、このバランスも限界に来ていた。

十六年は長いし、やめてしまうのは惜しい気はするが、区切りをつけてもいい年限だといえば、そうともいえた。あとは何としても続けたいと思うか否か、私たち夫婦の意思に掛かっていた。


その頃のことを思い返していくと、いったい私たちは「私設圖書館」にどんな夢を見ていたのだろう、と考えることがある。開館して数年が経ったころ、図書館の歴史といったことにも関心が向くようになった。福沢諭吉の著した「西洋事情」に、次のように書かれていることなど興味深く読んだ記憶がある。

『西洋諸国の都府には文庫あり。「ビブリオテーキ」と云う。日用の書籍図画等より古書珍書に至るまで万国の書皆備り、衆人来りて随意に之を読むべし。但し毎日庫内にて読むのみにて家に持帰ることを許さず。竜動《ロンドン》の文庫には書籍八十万巻あり。彼特堡《ペテルスブルグ》の文庫には九十万巻、巴理斯《パリ》の文庫には百五十万巻あり。仏人云う、巴理斯《パリ》文庫の書を一列に並るときは長さ七里なるべしと』

また別の本には、日本での最初の図書館は明治五年に創られた「京都集書院」とされていて、当初は民間会社として設立され、「利用するには、銀一円を拠出して社員になるか、一日二〇〇文を納める必要があった」などと書かれている。はじめは図書館も有料だったのか、と注目したりした。そんなころ、ひとつの記事を読んで、思いつきではじめた「私設圖書館」の存在意義を教えられた、と思ったことがあった。

岩波書店が出している「図書」という冊子に、レクラム文庫を創設したアントン・フィリップ・レークラムという人のことについて書かれた以下のようなコラムが載せられていた。

『レクラム文庫を生み育てたアントン・フィリップ・レークラムは一八〇七年七月、ライプツィヒに生まれ、父親は書籍商を営んでいた。(中略)レークラム一族には伝道師、金細工師、商人などがいたが、揃って自由な精神に満ち溢れた人びとであった。

アントンの父親は自営の書籍商となってライプツィヒに店を出していた。長男だったアントンは家業を継ぐために、十六歳から二十歳まで古典文学書を専門に扱っていた本屋で徒弟修業に励んだ。だが、徒弟修業を了えたあと、かれは直ぐに出版業に携わったわけではない。二十一歳のとき、かれはいやがる父親を口説いてライプツィヒのグリム通りに古くからあった「文学館」を手に入れたのだ。

そこには七万冊の本と内外の新聞・雑誌が百種類ほど所蔵されていた。公共図書館が発達していなかったそのころのドイツでは入会金をとって本を貸し出す、いわゆる貸し出し図書館が繁盛していた。おそらくアントンの入手した「文学館」もそのひとつであったのだろう。

アントンが「文学館」を入手した一八二八年ころのドイツはナポレオン没落後、オーストリアの宰相メッテルニッヒが圧倒的な力でドイツ連邦を支配していた反動の時代だった。その弾圧政策は峻烈をきわめ、民主主義的な思想や民族的な解放運動を徹底的に弾圧した。だが、厳しい統制のもとで政治的自由獲得の運動がひろがりはじめていた。ドイツの自由と解放をつよくもとめていたアントンはこの「文学館」をその目的に向ってフルに活用したのだった。かれは「文学館」を本の貸し出しだけに使わず、読者のために設けた閲覧室に密輸入した禁書・新聞・雑誌を備え、反動政治に挑戦したのだ。

朝早くから夜遅くまで開いていた閲覧室には、文士、政治家、舞台監督、新聞記者らが自由に出入りし、時の諸問題を論じ、討論を交わした。こうしてアントンの「文学館」は、「危険な生命に満ち満ちた場所、読書・討論・批判の場所」（トーマス・マンとなった』（一九七七年　岩波書店刊「図書」9号「本の周辺」）

このレクラム文庫というのは、いわゆる文庫本のさきがけと言われ、ほとんどの文庫本は、これに範をとっているとのことである。

そのレクラムという人が一種の私設図書館を開いていて、歴史の流れのなかで官立ではなく私立ならではの役割をはたし、弾圧政治に立ち向かったという事実は、私には歴史ロマンに触れたというだけでなく、ささやかな試みではあっても、そして時代錯誤と笑われようとも、「私設圖書館」はやるだけの意味のあることだ、と裏付けしてもらったような気持になった。

そんなことが心の背景にあって、第三の方法をとることにした。すなわち「私設圖書館」はそのままSさんとアルバイトの人に任せて、私がどこかの会社に就職するという方法だった。良識の場として、政治や宗教による後ろ盾なしに、このまま営利的要素を増やすことなく続けていきたい、それにはこうするほかないと思った。

四十一歳で会社員一年生

それまで関心の無かった求人情報などを見るようになったが、雑誌も新聞も募集広告であふれている。バブル景気はピークを迎え、なにもかもが過熱状態にあったらしい。図書館にこもっていると、世の中の流れに疎くなり、景気、不景気など考えずに暮らしていたが、土地もマンションも大変な高値がついて飛ぶように売れている、それくらいの認識はもっていた。

会社へ行くのなら、どこでもいいと思った。大学の専門知識など、とっくに忘れたし、使い物にならないことはわかっていた。

ハローワークへ行こうかと思っていた矢先に姉が電話してきて、親戚の○○さんに会いに行こう、顔も広いから、と言いだした。私は自分で考えたいと思って気がすすまなかったが、姉はすでに連絡がつけてあって、日時も決まっているという。

断りきれずに会ってみると、建設会社はどうか、といきなり切り出された。知人が勤めている会社だから紹介できるという。建築は嫌いではなかった。大学の建築学科を受けたいと思ったこともあった。ハローワークへ行って、もし建設関係の求人があれば応募していただろう。建設会社と聞いて断れなかった。


その年の秋、「私設圖書館」をSさんやスタッフにまかせて、四十一歳にして初めて背広を着てご出勤ということになった。建築士や関連する資格も経験もないから、大阪支店の営業担当ということになった。

入社して半月くらいは、先輩営業マン（といっても十二歳下の社員）について歩いていればよかったが、日に日に厳しさが身に迫ってきた。建設会社は言葉が荒い、手も足も出る、と聞いていたが、そんな場面にも遭遇した。しかし回避の方法もある。素直に謝って、再失敗しなければ赦してもらえる、そんなルールで動いているらしい。

会社に行くようになって悪いことばかりではないと思うようになった。むろん会社という組織に組み込まれているのだから、たえず緊張を強いられるし、不愉快なことも日常的にあった。しかしそれとは別に、集団の中にいる安心、同じ目的意識をもって働く一体感、のようなものは確かにあった。これがあるから皆、会社を辞められないのだろう、ということは理解できた。個人経営だった私の場合、それは手漕ぎボートから大きな客船に乗り移った安心感でもあった。

平日は会社勤めをして、土、日は「私設圖書館」の受付や館内整備という日が続いた。生活費は給料で大方まかなえるようになり、スタッフまかせの時間が増えて支払う時給も増えたが、余裕も出てきた。それを新しい器具や辞書の購入、取り替えに充てられるようになった。それが何より嬉しかった。そして十四年間勤めて、平成十五年に定年まで四年をのこして退社した。バブル崩壊の厳しさが浸透して、リストラや肩叩きという言葉が流行語になっていた。建設業界も準大手クラスの会社でも倒産するところが出てきた。肩叩きの声が掛かったわけではなかったが、希望退職に応じることにした。不動産関係の資格を取って、先の備えにしたいと思ったのだった。

辞めてからは「私設圖書館」の受付業務をするかたわら、お客様と一緒に資格試験の受験勉強をする日々が数年続いた。そして実務経験のために奈良の会社にしばらく勤めたあと、自宅を事務所にして独立開業した。「私設圖書館」はそのまま続けながら。

第六章　私の個人主義

私は、個人主義者なのだろうか、と思うことがある。

図書館をつくろうと思いついて名前を考えていたとき、ふっと、「私設圖書館」という名前が、理由もなく浮かんできたのだが、あとでこの「私設」という言葉は、日本ではあまりいい使い方をされていないな、と思うようになった。たとえば「私設馬券」など。どうも日本人には「官」を尊び、「民」を卑しむ傾向があるようで、それをそのまま表す「官尊民卑」という言葉があるくらいである。「官」は「公」であり、「民」は「私」につながり、「私」は冷遇されてきたと私には思える。ほかにも「下野《や》」とか「野に遺賢《いけん》なし」とか「勝てば官軍」、「錦の御旗」、「滅私奉公」などなど。「官」ほどありがたいものはない、と日本人は思ってきたように感じられる。

私はもともと「官」や「公」という言葉が好きではなかった。官や公は全体主義的であって権力を押し付けてくる。「民」や「私」は個人主義的で自由だと、私には思えるし、そう思ってきた。いったい人の生き方に他人や公がとやこう言うべきでない、言われたくない、といつも思ってきた。

しかし、これは少数派らしい。「寄らば大樹の陰」とか、とかく官の庇護が好きな人が多いようである。そして何か問題が起こると、「政府はどうなっているのか」「行政の怠慢ではないか」「新たな法規制が必要だ」などと官のせいにして、責任をそちらへ押し付けようとする。また「官」の言うことは聞くものとされていて、「長いものには巻かれろ」とか「お上の言うことだから」という言葉も昔からあった。

国民性もあるのだろう。アメリカなどは独立自尊の気風が強いように思える。自分の身の安全は自分で守るとして、銃規制に反対する人も多いとか。また中国も、共産主義国家になる前は、商業を重んじ損得に聡く、合理的な考え方をする人が多い国で、個人主義的な国民性なのではないか、そんな感想を私はもっている。

世の中、脅し言葉に満ちている

人はまた、脅《おど》しの言葉に弱いようで、私もたくさんの脅しの言葉で、自分の生きる方向を見失いかけてきた。

「そんなことをしたら大変なことになるよ」

この言葉が耳底に、こびりついている。卒業を前に就職を断ったときも、あとでその話をすると、母がこの言葉を言ったと記憶している。そのほか人生のあらゆる岐路で、それも子供の頃から、この言葉が聞こえてきた。それは実際に誰かに言われたことではなかったのかもしれない。自分の心のなかで自分が言ったことかもしれない。心のなかの「不安」という暗黒のかたまりが、この言葉を投げかけてくる。だが私はいつも立ち向かおうとしてきた。

その「大変なこと」を予測し、起こる確率を計算した。するとそれはたいていの場合、かなり低い、つまりめったに起こらないものと私の中では計算された。そして、予測を越える「大変なこと」がもし起こったとしても、それは、別の安全らしく見える道を選択したとしても起こったにちがいない、と思うことにして受け入れることにした。そのようにして「不安」という不可解なかたまりを分解して、思う道を進んできたつもりである。これは自慢話ではない。冷静な検証であり反省である。そして実際、「大変なこと」は、予測し計算した確率で身にふりかかってきたが、予測の範囲を出たことはなかった。「なんだ、この程度か」と私は内心、思ったこともあった。運が良かったのかもしれない。

しかし、怖がりすぎて、進みたい方向をゆがめてしまうのはどうかと思う。それは、この歳になって初めて言えることだろう。逆の老婆心と受けとめていただきたい。何一つ思うように生きず、面白いこともしないで一生を終わる人をあまりにも多く見てきたから。

また、脅しの言葉が嫉妬や悪意から発せられることも多い、と私の経験は伝えている。もし誰かに「やめたほうがいいよ」と言われたら、その人がどんな意図で言ったのか、本当に自分のことを気づかって言ってくれているのか、耳を澄ましたほうがいい。身近な人が、おためごかしに脅してくることもある。「他人がいい思いをするのは、自分にとって楽しいことではない、たとえ親しい人であっても」と思う人は、予想以上に多い。

世の中は脅しの言葉で満ち満ちている、それが商業的、政治的に利用されている、とも私は思っている。

「このサプリを飲まなかったら、病気になりますよ」

「お口の臭い、汗のにおい、気になりませんか」

「他の人と同じでなかったら、仲間から外されますよ」

「敵が攻めてくるから、軍隊が必要だ」

個人主義とは何だろう、と考えることもある。難しい定義などは知らないが、個人の尊厳や、権利、自由を尊重する考えだと私は思っている。漱石先生は、「僕は左を向く、君は右を向いても差し支えないぐらいの自由」と言っておられる。これはもちろん大切なことで、あの時代これさえ保証されていなかった。今は、思想や信教の自由は憲法で守られている。

私が個人主義について考えるとき、やはり自己の充足、自分が満足できるかどうかに重きを置きたくなる。「私設圖書館」をはじめる前に友人に出した手紙に、「ただ人の役に立つだけでなく、自分しかできない、個としての自分を発揮できる、しかも他人が喜んでくれることはないか」と書いている。このときも個としての満足が得られるか否かを重要視していたのだろう。

個人主義者は、社会や公共のこと、国家のことを考えずに自分のことばかり考えている、と言う人がいる。だがこれは、私の理解している個人主義者ではない。私の考える個人主義は、自己犠牲や得にならないこともする。社会へも働きかける。ただ、個人としてその行為に意義を認められるか否か、個人の力が発揮できて、個人としての満足が得られるかどうか、という点にこだわる。アイデンティティを確認できるかどうかを重要視する。

「世の中のことなどどうでもいい。お金をもうけて、贅沢して遊んで暮らせればじゅうぶんだ。それがいちばん自分を満足させてくれる生き方だ」と言う人がいる。これは個人主義者ではない。自分の快楽や利益ばかりを優先させる利己主義者である。利己主義者の増殖は世の中を悪くする。争いごとが増え、やがて「世の中のことなどどうでもいい」などと澄ましていられなくなる。人のねたみを買って暴漢の凶弾に倒れる、などということにもなりかねない。

個人では何もできない。組織でなかったら大きなことはできない、と言う人がいる。そのとおりかもしれない。しかし組織も、虫眼鏡をあてて見れば、そのなかで人間が働いている。そのひとりひとりは充実した毎日を送っているのだろうか。個人として満足が得られているのだろうか。充足され満足しているのなら、組織に身を置くか否かは問題にならない。実際、組織の一員となっている個人主義者も多いことだろう。また「大きなこと」といっても、組織が大きな事業に取り組んでいたとしても、その一部である個人にとっては、さほど重要ではないのではないか。

何百人、何千人から成る組織や集団がやっている「大きなこと」を、まるで自分一人で取り仕切っているかのように自慢する人がいる。そんなとき私は、「いいですね」と微笑んで聞いているだけである。私自身は、ことさら大きなことをしたいとは思わない。

「どうしてそんなに『個人』とか『自己』とかにこだわるのか」

という問いが、自分の内部から発せられることもある。すると、「自分が平凡な人間だから」という答えが返ってくる。「平凡に生きることがいかに大切なことか、難しいことか」という声を聞くこともある。

私は、反論しない。心の中では、自分の好みではないなと思っている。「平凡な人間が平凡に生きては、自己を見失ってしまう」と恐れている。

おそらく私は、「型にはまらない生き方」を、これまでも、これからも続けていくのだろう。

再び、型にはまらない生き方

「型にはまらない生き方」とは結局何なんだろう、私はそれをしてきたのだろうか、と改めて考えることもある。

世の中には、職業を転々とする人がいる。私は、転職を繰り返したわけではない。それでも「型にはまらない生き方」をしてきたと自分では思っている。

「型にはまらない生き方」とは、自分の人生を他人に預けない、人まかせにしない生き方だと、いまはそんなふうに考えている。

会社に入れば身分が保証され、安心はできる。しかし会社の言うことは聞かなくてはならない。聞いて、言われたとおりするようになると、自分でものを考えなくなる。会社に自分を預けてしまう。自分の人生を他人のなすがままにさせたくはない、そんなのは自分の人生ではない、と私は考える。

だから会社に入ったときも、自分を見失わないように心がけた。しかしこれが実は危険である。家族よりも長い時間、会社の同僚と過ごすのだから、心の底まで読まれてしまう。自我を隠していると昔の言葉でいう「二心《ふたごころ》」あると思われる。これは会社への忠誠心の欠如とみなされる。そう思われないように態度や言葉を使い分けることも必要となるが、私は、これが上手ではなかったから苦労した。しかしよく観察していると、同じ苦労をしている社員が何人かいることに気づかされる。そういう人とは腹を割った話ができるようになった。

結婚して人生を夫に預けてしまう妻もいる。このごろはその逆もある。神さまを信じて、神さまに自分を預ける人もいる。それで満足なら、他人がとやこう言うことではない。会社や神さまに救われる人はたくさんいる。

だがこれも問題が無いわけではない。自分を誰か(なにか)に預けてしまうと、不平、不満が起こると私は考えている。預けた相手が、自分が好むように、喜ぶように処遇してくれればいいのだが、そうでないと「優しくない」「会社が悪い」と不満が噴出する。他人を羨む心も起こってくる。これはた迷惑ばかりか、社会悪の根源だろうと私は思っている。この点、自分を自分の手の中に持っていると、不平や不満を言っていく相手がいない。天に唾を掛けると自分に戻ってくる。おのずから苦情は自分に向う。これがつらくて、あるいは不平、不満を他人のせいにしたいから自分を預けてしまう人もいる。会社に自分を預けて上司の悪口を言いながら同僚と飲むお酒はなかなかのものだと、私も体験済みである。

さてどちらがいいか。

ただ、私は人任せの生き方はしたくなかった。良くも悪しくも、自分の人生を自分で考え、自分の足で歩きたかった。それはおのずから「型にはまらない生き方」となってしまうだろう。

受付机に座って本を読んでいると、古いことを想うともなく想いめぐらしていることがある。熱気球飛行の日々も、ときどきは思い出される。

——北海道に渡ってからは、毎日があわただしい日の連続だったが、飛行テストは

午前中に終了するので、午後は、のんびり過ごすことができた。そういう時間、私たちは、じゃが芋や玉ねぎの収穫を見に行ったり、農家で馬を借りて遊んだりした。そんな一日のことを、先に紹介した「天界航路」という冊子に、私は以下のように書いている。

『時雨《しぐれ》は、砂浜に波が寄せるように濃淡の縞模様をつくりながら、幾波も寄せてきては通りすぎていった。そしていつの間にか雪が混じっていた。容易に落ちない馬の毛に愛想を尽かした私は、ぼんやりとその移りゆく様を見ていたのだろう。ふと間近いところに農家のおかみさんらしい人が、鍬をもってせっせと耕しているのに気がついた。雪まじりの雨は容赦なく吹きつけるのに、その人は手拭を頭にかづけているだけで、気にもならないといったふうに黙々と黒い土に鍬を入れていたのだった。

私は、しばらくその姿を見詰めていたが、その人が背を伸ばし、一息いれたときに、「冷たいのに、ご精が出ますね」とでも言ったのであろうか。

その人は、それほど年上とは思えない若い奥さんであったが、明らかに私たちが何をしにこの村へ来ているのかを承知していたとみえて、穏やかに微笑んで、

「誰かが、かまどの番をしなくてはならないのですから、順繰りですよ」と答えたの

だった。
私は、その言葉と、そのときの落ち着いた物腰とを鮮明に憶えている。その言葉には、気楽そうにしているものに対する非難も、やっかみもなく、自分自身もじゅうぶんに楽しんだのだから、あなた方もかまどの番をしなくてもよい間に大いに楽しんでおきなさいという心の浩《ひろ》い優しさが滲《にじ》みでていたのだった。多分このとき、この若い奥さんは自分の女学生の頃の楽しい思い出を胸によみがえらせていたのだろう。
私は、この言葉を慈母のそれのように有難く承りながら、心の精算はあとでまとめてすることにして、心置きなく楽しんでおこうと心に決めたのだった』
私は、こんなささやかな出来事がどうしていつまでも心に残っているのだろうと考えている。この若い奥さんは、いったいどういう人だったのだろうと思うこともある。そしてふと、この奥さんは、自分の人生を他人に預けることなく生きている、大地と牛や馬との暮らし、そこに人生を見出して、自分のものとして生きている、だから他人をうらやむ必要もなかった、のではないかと思った。

おわりに

平成二十八年（二〇一六）九月三〇日夕刻、私は九州は佐賀県にいた。

この日は佐賀市に誕生した「バルーンミュージアム」という日本で唯一となる気球関連の常設博物館、その開館式典の日であった。日本で初めて有人の熱気球飛行を成功させた「イカロス昇天グループ」の旧メンバー五人も招待されて顔をそろえていた。

佐賀市では毎年「佐賀インターナショナルバルーンフェスタ」なる競技大会が開かれており、数百の熱気球が競技を競うことで内外に知られている。

「バルーンミュージアム」は佐賀駅からもほどちかい目抜き通りに設けられている。気球の歴史や飛行の仕組みなどがわかりやすく解説される中、「気球の殿堂」と名づけられたスペースの中央に、「イカロス5号」のゴンドラと球体の下側部分が展示されていた。

私は四十七年ぶりに思い出深いゴンドラやオレンジ色の球皮と再会したのだが、懐かしむとともに、ここには居ない一人の友人のことを思い出していた。

彼は、「イカロス昇天グループ」の当初メンバーだったが、「より社会的に意義深いことに参加したい」と言い残し、去っていった。その後、彼は多くの学生の心を惹きつけていた全共闘運動に参加したと聞いた。

あの時代、一つの行為の是非をめぐって、常に社会的意義ということに関心が集まっていたことも思い出される……「それをすることが社会にとってどんな意味があるのか」といった具合に。

これと同じ問いが、気球計画の資金集めのために参加していたコンテストの席で資金提供をする会社側の審査員から投げかけられたことも記憶から拭い去れない。『空を飛ぶ君たちはそれでよいかもしれないが、後にのこった僕たちにとってそれはどんな意味を持つのか、東京の真ん中であげてくれるならともかく』

この問いに答えなくてはならない、とそのとき私は思った。しかし答えられず賞金も逃す結果となったが、この問いはその後も私を悩ませた。自分たちがやった「日本で初めての有人熱気球飛行」に意味があったのか、無かったのか。

もちろん今では国内だけでも数百の気球が空に浮かび、人々の心を和ませている。その嚆矢《こうし》となった試みに社会的意味が無いとは思っていない。やはりあの時代の空気のせいだったのだろう。

「私設圖書館」を始めて何年か経ったころ、あの学生運動で旗や棒を振っていた人たちは、どうしたのかな、と見回してみたことがあった。大学ではまだ「立て看」が立てられ、スローガンが書きならべてあったが、ハンドマイクを持ってアジ演説をする人は少なくなっていた。

大学を卒業し、京都を離れ、それぞれの道を歩んでいるのだろう——そのときもイカロスを去った友人を思いやった。彼は学生運動で何を得たのか、何を失ったのか、私は知らない。心に傷を負ったのかもしれない。数年間、就職はせずにフリーターを続けていたようだが、葛藤も癒えたのだろう、ある年、技術系の会社に就職して忙しい毎日を送っている、との年賀状がきた。

私は学生運動には参加しなかったが、あの時代の精神はむしろ無傷《むきず》のまま受けとめて心に残していたようである。社会の理不尽さに対する怒り、世の中を良くしたいという熱意、議論より行動——などなど。

大きな波が来て返していく。おおかたの海の水は戻っていったが、浜に残ったものもあった。小さな塩のかけらとなって。

もう間もなく午後一時、交代のスタッフが来てくれるころだ。お客様は六人増えたから、座席表の上のプチ磁石は十二個になった。本を閉じて、交代前にしわすれたことはないか、トラブルはないかと館内を一巡する。雨はまだ降りつづいているが小雨になったようである。

最近、私は受付担当する時間も少なくなった。その少ない時間に本も読ませていただくが、お客様が机に向かわれる後ろ姿を眺めさせていただくことがある。椅子にはそれぞれ席番を書いたシールが貼ってあり、席ごとに、あの方は〇番がお好きだったな、というふうに昔のお客様の姿が浮かび上がってくる。いったい何人くらいの方が来て下さったのか、と考えることもある。一日多い日で六、七十人、少ない日は三十人くらい。平均四十人、一年三百日としても、四十五年間で延べ五十四万人、想像を絶する数だと私には思える。

いま、「私設圖書館」を利用してくださるお客様の八割、九割がノートパソコンかスマートフォンを持ってこられる。そして館内に飛ばしているWi—Fiの電波を受けてインターネットに接続し、資料を調べたり、ホームページを見たり、ときどきはゲームをしたり、なにかしらの作業をされている。机の下にはコンセントが設置されているから電池の消耗は気にしなくてすむ。学習や研究も、パソコンとインターネットなしには何もできない時代になってきている。

おそらくインターネットは、生活を変えただけでなく、図書館のあり方も変えていくことだろう。ネットにつながる世界には、万巻の書物をはるかに超える情報が蓄えられている。いまもお客様は、このわずかな本しかない「私設圖書館」から、世界の万巻の書物にアクセスされているのだろう。

お客様の後ろ姿を眺めながら、こんな感慨にふけることもある。大学受験の予習であれ、資格試験の勉強であれ、研究論文の執筆であれ、人が真剣に勉強される姿というものは美しいものだと。そうして本を読み、物事の仕組みを理解し、真実を追究することが、戦争を退け平和な世界を導いてくれる唯一の方法だろう、と私は信じている。

著者略歴

田中　厚生(たなか　あつお)

1947年	京都市に生れる。
1969年	グループで熱気球「イカロス5号」を製作し、 日本最初の熱気球飛行を成功させる。 その第1回飛行のパイロットを務める。
1970年	京都大学工学部冶金学科卒業。
1973年	「私設圖書館」創設。
2009年	「洛北不動産鑑定事務所」開設。不動産鑑定士。

なお本文中「Sさん」とあるのは、田中　園子(たなか　そのこ)。

1948年	京都市に生れる。

「私設圖書館」は
京都市左京区浄土寺西田町74
（銀閣寺道交差点南西角より西へ20m）

「私設圖書館」をご紹介いただいた記事や番組

1973・9・5　京都新聞
「茶の間のふん囲気で　左京に〈私設図書館〉お目見え」

1974・1・17　京都新聞
「8ヵ月、繁盛してます。学生街の小さな図書館」

1975・9・18　読売新聞
「モテモテの私設図書館　学生下宿街で　定員16人に若者どっと」

1977・7・17　サンデー毎日　7月17日号　コラム「三角点」
「私設圖書館　夜ごと午前零時まで開館　入館料120円粗茶も用意」

1977・7・22　毎日新聞
「京都どすなあ　小さいけど、閉館零時」

1978・8・24　夕刊京都
「環境抜群　深夜もOK　入館料格安　お茶のサービス」

1980・1・28　朝日新聞
「古都の新顔　静かに気楽に」

1983・11・13　朝日新聞「読書好き集まる私設図書館　開館10周年迎える」
1990・8・8　京都新聞「涼点漫歩　〝冷房つき〟活字追う」
1998・10・31　読売新聞「お茶香る図書館　大学生の学舎25年、深夜まで開館」
2000・5・25　京都新聞「壁の落書きゼロに　すっきりした「私設図書館」の白壁」
2002・4　エスクァイア日本版「京都だけが知っている」
2003・4・20　ハナコウェスト特別編集「Cafe」「レトロな図書館」
2004・10　Chou Chou関西「誰かといても一人になれる、静かな時間がながれる空間」
2006・1・9　朝日新聞「夢追う人集う空間」

２０１１　るるぶ情報版
２０１２・秋号　「京都を歩こう」
　Ｍｙ Ｋｙｏｔｏ 京都市産業観光局
２０１３・５　「読書でたどる京都」
　ソトコト5月号
　「おすすめ図書館」
２０１３・５・19　朝日新聞
　「私設図書館　学生憩い40年」
２０１３・11・28　共同通信社からの配信。
　中國新聞、信濃毎日新聞、沖縄タイムスなど。
　男の隠れ家「裏京都の魔界を往く」
２０１６・４　毎日新聞
２０１７・２・14　「深夜まで明り私設図書館」
　新建築1月号
２０１８・１　「京都のちから」

テレビ番組

2001・10・20　NHK・BS
「京都上る下る」

2014・12・15　関西テレビ
「隣の人間国宝さん」

2017・10・27　NHK総合
「ドキュメント72時間」

京都「私設圖書館」というライフスタイル

2018年11月20日　初版発行
2019年 4月10日　初版第2刷発行

発行所　　株式会社コトコト
〒604-8116
京都市中京区高倉通蛸薬師上ル東側
和久屋町350　リビング高倉ビル5F
TEL　075-257-7322
FAX　075-257-7360
https:/ / www.koto-koto.co.jp

著者　　田中厚生

発行人　　中尾道也

カバー・装丁　　稲継哲也（株式会社京都リビングコーポレーション）
写真　　瓜生朋美（文と編集の杜）／コトコト

ISBN978-4-903822-59-4